王阳明
拒绝迷途

公子光◎著

中国发展出版社
CHINA DEVELOPMENT PRESS

图书在版编目（CIP）数据

王阳明拒绝迷途/公子光著. —北京：中国发展出版社，2015.3
ISBN 978－7－5177－0286－3

Ⅰ.①王…　Ⅱ.①公…　Ⅲ.①王守仁（1472～1528）—心学—通俗读物　Ⅳ.①B248.2－49

中国版本图书馆 CIP 数据核字（2014）第 285484 号

书　　　名：王阳明拒绝迷途
著作责任者：公子光
出 版 发 行：中国发展出版社
（北京市西城区百万庄大街 16 号 8 层　100037）
标 准 书 号：ISBN 978－7－5177－0286－3
经　销　者：各地新华书店
印　刷　者：北京明恒达印务有限公司
开　　　本：880mm×1230mm　1/32
印　　　张：5.75
字　　　数：120 千字
版　　　次：2015 年 3 月第 1 版
印　　　次：2015 年 3 月第 1 次印刷
定　　　价：28.00 元
联 系 电 话：（010）68990642　68990692
购 书 热 线：（010）68990682　68990686
网 络 订 购：http：//zgfzcbs.tmall.com//
网 购 电 话：（010）68990639　88333349
本 社 网 址：http：//www.develpress.com.cn
电 子 邮 件：fazhanreader@163.com

自 序
自尊无畏

现代人虽拥有更多的机会，却也面临更为激烈的竞争，因此心理上的问题也层出不穷。

悲伤、忧愁、愤怒、恐惧、失落、胆怯、孤独等负面情绪，像幽灵一样，困扰着每个人，让人如作茧自缚，坐困愁城。

幸福、梦想以及成功，有时可望却不可及。

当今社会，给每个人提供了广阔的发展空间，也创造了无数成功的机会，每个人只要抓住其中一个机会，就能分享时代发展的成果。

如果我们能以健康之心灵、积极之心态，去迎接人生，面对挑战，不管处于何种地位，从事何种职业，不管财富多寡、年纪几何，幸福、梦想以及成功应该不会遥远。

人的一生，应当是积极进取的一生，应当是追求完满的一生。明代思想家王阳明的一生即是如此。

王阳明在颠沛流离、危机重重中，不断领悟，勇敢前行，追求圣人之道，终于成就圣学。至今，他的思想泽被后世，远播世界。

21 岁时，王阳明为弄清格物之理，曾经傻傻地对着父亲署衙中的竹子探究不止，结果生生把自己弄病了。

36岁时，王阳明被发配贵州龙场。在这里，他认为自己对荣辱得失皆能超脱，唯独对生死没有看透。于是，他给自己准备了一口石棺，在旁边日夜参悟，很久之后心中才开阔坦然。再后来，跟随他的人病了，他就亲自砍柴、取水、奏乐，照顾他们，并因此思考：圣人处在这种情形之下，会怎么办呢？就这样，在有一天半夜的睡梦中，他终于彻底领悟了格物致知的真正含义。

以上两个小故事很有代表性，从中我们可以窥见王阳明的个性及其思想。

王阳明的思想是一种身心之学，非口耳之学，是要实实在在落实到行动上去的。不可以之为谈资，不可以之炫耀，它也并非高深莫测，而是简单易行、人人可学。王阳明说，人需要在事上多磨炼，这样，遇到事情才立得住。

本书即是我长久以来不断对王阳明《传习录》阅读、研究、领悟的结果，包含心即理、知行合一、致良知三部分，内容紧扣实际，浅显易懂，其精髓概括为四个字："自尊无畏。"本书所要展示给读者的是：内心强大的秘密和积极健康的生存方式。相信读者在阅读过程中，一定能感受到浓浓的正能量。

若我们在今后的人生中，能积极行动，人生必将臻于完满。

最后，感谢中国发展出版社，感谢我的家人，也感谢每一位读者。

2015年3月

目 录

第一章 心即理

第三章 致良知

第一章　心即理

王阳明说：『心即理也。天下又有心外之事、心外之理乎？』意思是说心就是理，天下间没有心外之事，也没有心外之理。生活中许多道理，如果只在事事物物上寻求，那也只是表面上看起来如此。正确的做法应是向内心来寻求。假使我们的内心不被私欲遮蔽，就是天理了。然后以这样纯粹是天理的心去做事、去应对，自然无往而不正确，无往而不胜利了。否则，不从心上入手，却在外驰求，那么以夏桀、商纣王的心，又怎么成得了尧舜的事业呢？

01 王阳明说

不要让心中的私欲把我们的眼睛蒙敝了

> 心即理也。天下又有心外之事，
> 心外之理乎？

“你扪心自问一下吧！”

当我们要求一个做了错事的人反思的时候，十有八九会说这句话。这句看似简单的话语之下却隐藏着一个重要的观点——社会的价值判断标准就在我们自己心中。

王阳明对徐爱说：“至善是人内心的本来面目，只要‘明明德’到‘至精至一’处就是至善了。”

徐爱有些疑惑，问道：“至善只从内心寻求，恐怕对于天下的事理不能探究到底。”

王阳明回答说：**“内心就是道理，天下还有内心之外的事物、内心之外的道理吗？”**

徐爱的疑惑更深了，他举例说道：“比如，侍奉父亲的孝顺，侍奉君王的忠诚，结交朋友的信用，治理百姓的仁爱，这里面都包含了许多道理，恐怕也不可以不明察。”

听了徐爱的话，王阳明深深地叹了一口气，说道：“这种说法的危害由来已久，不是一句话就能领悟的。现在，姑且就你所问的问题来谈一下我的看法。比如侍奉父亲，难不成要到父亲身上去寻求孝顺的道理？侍奉君王，难不成要到君王身上去寻求忠诚的道理？结交朋友治理百姓，难不成要到朋友和百姓身上去寻求信用和仁爱的道理？都只是在人的内心，内心就是道理。**人的内心没有被私欲蒙蔽，就是天理，不需要外面再添加一分。**以此纯粹是天理的内心，去侍奉父亲，就是孝顺；去侍奉君王，就是忠诚；去结交朋友治理老百姓，就是信用与仁爱。人们只需在内心去掉人的私欲、保存天理上多下工夫就可以了。”

王阳明的话可谓鞭辟入里，一针见血，抓住了根本问题。根本问题一解决，其他问题自然迎刃而解。与其说王阳明创造了一种理论，毋宁说创造了一种方法论。

02

王阳明说

思想的端正不是做戏做出来的

至善只是此心纯乎天理之极便是，
更于事物上怎生求？

社会中有很会做戏的人，而且做戏的时间久了，自己也忘了这是做戏，当成真的了。做戏这事，表面上像就可以了，而演员的内心则是另外一回事了。当我们看到一个演员把岳飞演得血肉丰满时，一般都说他演得很像，但绝不会说他就是岳飞。王阳明和弟子就讨论过这样的问题。

弟子郑朝朔问王阳明："至善也必须有从事物上寻求的吧？"

王阳明回答说："**至善只是我们的内心完全纯粹是天理就是了，更到事物上怎么去寻求？**你试着说几件事情来看看。"

郑朝朔说："比如侍奉双亲，冬温夏凊的仪礼怎么做，侍奉赡养怎么做，应当求一个适当，才是至善，因此才有学问思辨的工夫。"

王阳明回答说："如果只是冬温夏凊的仪礼，侍奉赡养的适宜，可以一两天就讲完了，还用得着什么学问思辨？只有冬温夏凊时，也只要我们的内心完全纯粹是天理；侍奉赡养的时候，也只要我们的内心完全纯粹是天理。这一点，如果没有学问思辨的工夫，则难免有毫厘之差、千里之谬，所以即使是圣人，也有精一的教诲。如果只是那些仪式礼节做得恰当，便说是至善，那么现在的戏子，他们扮演的许多冬温夏清、侍奉赡养的仪式和礼节都很恰当，也可以称之为至善吗？”

王阳明与郑朝朔的对话围绕如何寻求至善展开。王阳明认为至善即内心完全纯粹是天理，而要做到这一点，就是要在我们的内心下工夫，而不是那些外在的礼节和条框。因为这些礼节和条框即使普通人也很容易学会，但是如果内心思想不端正，就会有千里之谬。为什么我们一起坐在同一个教室里，听同一个老师讲课，结果成绩却不一样？为什么天下有那么多人学习《孙子兵法》，结果真正懂的人却只有那么几个？为什么霍去病从来不读兵书，却常常能打胜仗？关键的一点就在内心，**内心不用功的人，他的人生又怎么能够达到一个更高的境界呢？**

03 王阳明说

做善事时，心中的恶自然就不存在了

“人心”之得其正者即“道心”，
“道心”之失其正者即“人心”，
初非有二心也。

中国有句话，叫“皮之不存，毛将焉附”，意思是说，皮没了，毛也就没了。唯物辩证法中，现象和本质是一个对立统一体，现象中藏有本质，而现象是本质的外在表现。对立统一，用王阳明的话说就是惟精惟一，而这一个理论加以利用，就是要注重实践，在实践中求得真理。

徐爱问王阳明：“老师认为博文是约礼的工夫，学生深入思考但还是弄不明白，请老师指点。”

王阳明回答说：“‘礼’字就是‘理’字，理的表现，可以看到的，就称之为‘文’；文的隐约细微，看不见的，就称之为‘理’，只是同一物。约礼只是要人的内心纯粹是一个天理。要人的内心纯粹是一个天理，必须在理的表现上用功。博学之于文，就是约礼的工夫。博文就是‘惟精’，约礼就是‘惟一’。”

徐爱又问：“‘道心常为一身之主，而人心每听命。’以老师‘精一’的学说来推断，这句话好像有问题。”

王阳明回答说：“你说得对。心，只有一个。没有夹杂人欲，称之为道心；夹杂人欲，称之为人心。**人心得其正就是道心，道心失其正就是人心，本来就没有两个心。**程子说人心就是人欲，道心就是天理，这句话好像将两者区分，而实际只是一个。现在说道心为支配，人心听从道心，是两个心了。天理和人欲不同时存在，怎么可能有天理为支配，而人欲又听从天理呢？”

这段对话有两个关键词，一个是博文约礼，一个是道心人心。

博文约礼，简单来说就是面对实践的自我反省，在实践上去掉人欲，保存天理。比如你决定要做一个绅士，那么你就必须在每件事上都表现得绅士；再比如你是个好人，那么对每个人都必须表现得友善和蔼。否则怎么能称得上绅士或好人呢？

道心人心只是一物，道心和人心不并立。这就好像人的内心，虽然有恶的一方面，也有善的一面，但善恶不同时并立，有的时候是恶，有的时候是善。比如你做坏事时，你的内心就是恶的，你心中的善已经不存在了。同样，**当你做好事时，你的内心就是善，你心中的恶已经不存在了。**

04 王阳明说

让镜子照见光明就先把镜子擦亮

学者惟患此心之未能明，
不患事变之不能尽。

人应该如何立志？应该如何为志向而奋斗？这两个问题是现代人时常会面临的问题。虽然王阳明所处的时代与现代社会截然不同，但追求成功都要落实在两个方面：一方面是自身的素质，另一方面是事情。

王阳明说："保持志向就如同心痛，一门心思在痛上，哪里还有什么工去说闲话，管闲事？"

陆澄问："主一的工夫，比如读书就一门心思在读书上，接待客人就一门心思在接待客人上，可以称得上主一吗？"

王阳明说："喜欢女色，就一门心思在喜欢女色上，喜欢财物就一门心思在喜欢财物上，可以称得上主一吗？这是所说的追求外物，不是主一。主一是专注于一个天理。"

王阳明又说："只一心一意要存天理，就是立志。……感觉到纷扰就静坐，感觉到不想看书就要看书，这也是因病下药。"

陆澄问："圣人应对事态变化没有穷尽，莫非也是事先讲求好的？"

王阳明说：“哪里讲求得这么多？周公制作礼乐教化天下，这都是圣人所能够做的事情，尧舜为什么不全部把它做了，而要等周公来做？孔子删述六经以告之万世，也是圣人所能做的事情，周公为什么不先将它做了，而要等孔子来做？由此可知，圣人遇到这个时代，才有这件事情。只担心镜子不明亮，不怕事物来了不能照见，讲求事态变化，也是照时的事情。但是学者必须先有个明的工夫。**学者只担心内心不能明，而不担心不能穷尽事态之变化。”**

立志之道贵在主一，主一就是专注于一个天理，这包含两层意思：一是方向和目标要正确，二是要持之以恒。专注于天理是最基本的一点，由这点出发，循序渐进，最后能够达到一个更高的境界。用功之道在于对症下药。

而圣人与时代的关系，可说是时势造英雄，但为什么我是英雄，而你不是英雄，这就在于个人的素质和能力问题了，关键就在于个人平时所下的工夫。

世界是千变万化、日新月异的，世人穷于应付。那么怎么办呢？是把世界上所有的事情和变化都记在脑子里，还是培养自己应对事情和变化的能力？当然是后者。按照王阳明的话说，**你要让镜子照见事物，就必须先在明上下工夫，先把镜子擦亮了。**

05

王阳明说

自以为是其实是关闭了通往成功的大门

譬如方丈地内，种此一大树，雨露之滋，土脉之力，只滋养得这个大根。四傍纵要种些嘉谷，上面被此树叶遮覆，下面被此树根盘结，如何生长得成？

王阳明说过自是好名是人生的大病。自是的意思是自以为是，好名就是喜好名声。

自以为是就是认为自己是对的，别人是错的。一个自以为是的人，即便自己是错的，他也认为自己是对的；即使别人指出他的错处，指出他的问题，他也不在乎，更不会改正。这样的人通常以自我为中心，不会赞赏别人，不会接受别人的意见，总是认为自己比别人好、比别人强；这样的人只会用自己的智慧，不用别人的智慧；这样的人见识和能力都只是一般，所能成就的事业也是很有限的。

自以为是的人，实际上关闭了一扇通向成功的大门。他将自己封闭在狭窄的圈子里，他的视野和目光将变得短浅。

喜欢名声的人，为了自己所谓的名声，就会伪装，假装自己什么都懂，什么都会。他们也不允许自己的名声被毁坏，为了自己的名声，即便有错也不会改正。一个喜欢名声的人，就不能做到脚踏实地，就不能做到实事求是。按照王阳明的观点，虚与实是相对的，虚名增加一分，实行就会减少一分。一个追求虚名的人，他就会忽视实行。

王阳明的弟子孟源有自以为是、爱好名声的毛病，王阳明经常批评他。一天刚刚批评指责过孟源，一名弟子自陈近来的工夫请王阳明指正。孟源在一旁说："你这是找到我的旧时家当。"

王阳明说："你的毛病又犯了。"

孟源脸色为之一变，打算争辩一番。王阳明又向他说："这是你一生的大病根。**就好像方丈的土地之内，种这样一棵大树，雨露的滋润、土壤的力量，只滋养得这个大根。四面纵然要种一些好的谷子，上面被这棵树遮挡覆盖，下面被这棵树的根盘结，怎么生长得成呢？**需要将这棵树砍掉，一点根都不留，才可以种植好的种子。不然的话，任凭你耕耘培植，只是滋养了这个根。"

王阳明是一个善于比喻和举例子的高手。他将自以为是和喜好名声比喻为在方丈的土地内种植一棵大树，即使在四面种一些好的种子，也生长不了。简单来说，如果你的内心自以为是和喜好名声，那么你心中一切善的力量和一切好的力量都无法生长，你也就不可能取得成功。非但不可能取得成功，还可能会遇到很多麻烦。

06

王阳明说

追求表面的宁静并不是一件好事

以循理为主，何尝不宁静；
以宁静为主，未必能循理。

我们平常所追求的宁静只是一种表面上的宁静，比如去了一趟西藏，去了一趟渺无人烟的非洲，看起来是远离俗世尘嚣，去追求世外的宁静，但是这种宁静对我们有用吗？这种宁静经得起考验吗？

真正的宁静是心灵的宁静，真正的宁静是思考、修养之后的宁静，真正的宁静是一种稳定的宁静。只有这样的宁静才经得起生活的考验。

真正的变化是心灵，如果你的内心是宁静的，那么，即使深处闹市又何妨，何必要去求心外之静呢？

弟子问王阳明："宁静存心的时候，可以说是未发之中吗？"

王阳明说："现在的人存心，只能稳定住气息。当他宁静的时候，也只是气息宁静，不可以说是未发之中。"

弟子问："未发就是中，莫非也是求中的功夫？"

王阳明说："只有去人欲、存天理，才是功夫。安静的时候一门心思去人欲、存天理，行动的时候一门心思去人欲、存天理，不管宁静还是不宁静。如依靠那宁静，不仅慢慢有喜静厌动的弊病，中间许多病痛只是潜伏在其中，最终不能彻底去除，遇到事情依旧会滋长。**以遵循天理为主，哪有不宁静；以宁静为主，未必能够遵循天理。"**

王阳明与弟子的这段对话，分析了宁静的表象，就是气息稳定。比如这个人看起来很安静，话也不多，也不会生气，这就是表面上的宁静，但这不是中。中是不偏不倚，宁静就是有所倾斜了。比起追求宁静更重要的是遵循天理，用王阳明经常说的一句话就是去人欲、存天理。

遵循天理，就能够得到安宁。所以，与其追求安宁，莫如遵循天理。在遵循天理的情况下，该安静的时候安静，该行动的时候行动。动静皆有度。

现代社会，我们遇到的问题会很多。我们追求宁静，通常情况下只是让自己的心情沉静下来。这种沉静只是一种表象。比如以前容易生气的人，现在生气之前会想一想，以前话很多的人现在话明显减少了，从表面上看，似乎很有成效，但一旦遇到事情又会犯老毛病了。为什么呢?

关键就在于没有在内心上下工夫，没有进行深入的思考，没有去人欲、存天理，没有遵循天理。

一个人的变化是内心的变化，这种变化并不是刻意要到山林中闭关的，即使身处闹市也可以实现内心的变化。

07

王阳明说

用心体会才是做真学问

凡明不得，行不去，须放在自心上体当，即可通。

我们生活在这个世界上，必须拥有一种能力，就是对这个世界的理解能力。这个世界上所有的一切，都需要我们来理解。我们看不懂一本书，听不懂一个人的话语，这也许就说明我们理解能力有问题。如果我们不能正确地理解，又何谈正确地行动，又何谈成功呢？

理解能力，是一个人生存在这个世界上所必需的能力。一个人能走多远，一个国家能走多远，都取决于这个人、这个国家的理解能力。那么，如何提升理解能力呢？

王阳明与弟子有一段对话。

弟子问："看书看不明白怎么办？"

王阳明回答说："只是在文义上穿梭寻求，因此不明白。这样的话，又不如做旧时的学问，看得多，也解得明白。只是他做学问虽然解释得很明白，但也终身无所得。必须在思想上用功，**凡是看不明白的、实行不了的，便必须返回到自己心上去体会，就可以明白了。**四书、五经不过说这个思想，这思想就是所谓的道。思想明就是道明，思想和道并非两样。这就是做学问的关键之处。”

王阳明认为看书不明白的原因是只理解文章的字面意思。这样做，还不如那些不思考，却多读书的人。比如要理解这个文章的意思，就找其他相关的文章来读，借助这些相关的文章来读，也可以达到理解的目的。但是这样做都只是一种机械的行为，并没有思考的因素在里面。所以，这样的人尽管见多识广，能说会道，博古通今，但穷尽一生也没有什么收获，没有自己独立的思想，没有自己独立的思考，所做的一切不过是拾人牙慧而已。以当下的中国来看，此类人可谓多矣。他们所写的书籍，也不过抄袭而已。

由此，王阳明提出了最根本的方法，那就是用心来体会，这才是做学问的关键。在遇到不能明白的事情，在事情进行不下去的时候，唯一的方法就是回到自己的内心进行反省、思考和体会，才能提升自己的理解力。

简而言之，**要提升理解力，就需要回到自己的内心多思考、多反省、多体会**。

08 王阳明说

内心的平和是我们的幸福之源

事变亦只在人情里，其要只在致中和，致中和只在谨独。

如何在这个世界上表现自己？如何做得恰到好处？

这是一门学问。这体现的是一个人长年累月所积累下来的修养。一个人有没有修养，通过一两件事情就可以看出来了。

中国有自己的修养尺度，用两个字来表达，就是中和。提升自己的修养就是致中和。

中是什么意思呢？喜怒哀乐之未发谓之中，发而中节谓之和。什么意思呢？就是说内心没有喜怒哀乐，即使有的话也要符合情势，也就是说喜怒哀乐正当其时。

陆澄问象山在人情事变上做工夫的说法。

王阳明回答说：“除了人情事变，就没有事了。喜怒哀乐不是人情吗？从看听言动，到富贵贫贱、患难死生，都是事变。**事变也只是在人情里，其关键在于致中和，致中和的关键在于独处时谨慎不苟。**”

事变是指看听言动、贫贱富贵、患难死生，我们不妨理解为外部环境、外部变化。人情是指喜怒哀乐，可以理解为内心的变化。外部世界对我们的内心有很大的影响，决定我们悲伤还是欢乐。而我们的内心，也决定了我们能否有效地应对外部世界的变化。从这个角度来讲，**处理好我们的内心世界，不仅是我们的幸福之源，也是我们成功应对外部世界的关键**。

那么，如何处理好我们的内心世界呢？答案就是致中和，而致中和的关键就是慎独。

09

王阳明说

本性纯良就会把事情看明白

人只要在性上用功，看得一性字分明，即万理粲然。

与人打交道，首先要学会做人。但是如何才能使自己学会做人呢？

王阳明说：“仁、义、礼、智是性的外在表现。性只有一个而已：它的形体称之为天；它的主宰称之为帝；它的流行称之为命；体现在人上称之为性；主宰人的身体就称之为心；心的发散，遇到父亲就称之为孝；遇到君王就称之为忠；依此类推，名号可以无穷无尽，但只不过一个性而已。就好像人只有一个而已，对父亲来说称之为子，对儿子来说称之为父，依此类推，可以无穷无尽，但仍只不过一个人而已。**人只要在性上用功，把性字看得明明白白，就可以万理昭然。**”

我们要养成美德，关键是要在心性上下工夫。

性上用功，万理昭然。**以纯良的本性，发之事亲，便是孝；发之事君，便是忠；发之交友，便是忠；发之治民，便是仁。**

而我们的社会上，一些人行为欠佳，原因就是本性不纯。以此不纯之性，去做人做事，难免有所欠缺。

10

王阳明说

能静下心反省自会做人做事

省察克治之功则无时而可闲，如去盗贼，须有个扫除廓清之意。

如何学做人，如何学做事，如何做学问，这是我们每个人都会遇到的问题。每个人可能都有自己的独家秘诀，但大体的方法应该是不会变的。那么这个方法究竟是什么呢？

王阳明说："教人为学，不可以偏执于一个方面。初学的时候，心猿意马，拴缚不定，其所思所虑，多是人欲这个方面。因此暂且教他静坐，平息思虑。许久之后，等到他的心意稍微安定，只凭空静守，如同槁木死灰一样，也没有用，必须教他省察克治。**省察克治的功夫，则没有一刻可以中断，就好像消灭盗贼，必须有个扫除廓清的意思。**没有事情的时候，将好色、好货、好名等私欲，逐一追究，搜查寻找出来，一定要拔出病根，永远不再重新出现，才开始觉得快意。要经常像猫捉老鼠那样，一面眼睛看着，一面耳朵听着，才有一个念头萌发产生，就马上将之消灭。斩钉截铁，不可姑息容忍，给他方便，不可以窝藏，不可以放他出路，才是真真正正实实在在用功，才能扫除廓清。等到无私欲可克，自然有闲适自得、清静无为的时候。”

王阳明的这段话，主要讲了如何为学的问题。

如何为学呢？

主要分两步：第一步是静坐。王阳明教学生的时候，让学生静坐是一种常用的方法。静坐的目的是什么呢？就是平息内心的思虑，让自己安静下来。

相对于其他方法，静坐是一个让自己安静下来的好方法。站着很累，躺着容易睡着，只有静坐比较切实可行。但是静坐只是第一个层次，不是最终目的。如果一直静坐，就变成和尚了。

第二步是省察克治。什么是省察克治呢？就是反省自己、克制私欲邪念。

如何省察克治？王阳明用了两个比喻。一个是消灭盗贼。要像消灭盗贼一样，有个扫除廓清的意思。另一个是猫捉老鼠。要像猫捉老鼠那样，一面眼睛看着，一面耳朵听着，才有一个念头产生，就马上将它消灭，绝不姑息、绝不窝藏，彻底扫除廓清。

王阳明所说的方法，对于我们做人、做事、做学问，都有莫大的助益。当我们做人、做事、做学问陷入麻烦、诸事不顺的时候，就可以按照王阳明的方法来做。**首先静坐，然后思考，如此当会慢慢走上正确之路**。

王阳明说

真正能迷惑我们的是自己

> 岂有邪鬼能迷正人乎？只此一怕，即是心邪，故有迷之者，非鬼迷也，心自迷耳。

人是情绪的动物。有的人很情绪化，有的人则控制得比较好。情绪有正面的，比如快乐、开心、愉悦。情绪也有负面的，比如恐惧、愤怒、痴迷。人人都知道，正面的情绪应该舒展，负面的情绪应该控制。要防止负面情绪的迸发，就必须在情绪迸发出来之前将它遏制、消除。这样的话，人就不会被情绪所左右。

理智，是照亮前路的明灯，是我们更好地生活在这个世界上的保证。而冲动是魔鬼，带来的是黑暗以及毁灭。

王阳明可谓控制情绪的高手，宠辱不惊，生死不惧，看云卷云舒，淡定！淡定！

陆澄问王阳明："有人夜里害怕鬼，怎么办？"

王阳明回答说："只是平日里不能行事合乎道义，而心有所惭愧，因此害怕。如果平素的行为合乎神明，还怕什么呢？"

子莘说："正直的鬼不必害怕，恐怕邪恶之鬼不管人之善恶，因此未免感到害怕。"

王阳明说：“**岂有邪恶之鬼能迷惑正人？仅仅这么一怕，就是心邪了，因此，有被鬼迷惑的，并非鬼迷惑他，而是内心自迷**。比如人好色，就是色鬼迷惑了他；喜欢财货，就是货鬼迷惑了他；对不应愤怒的事情愤怒，就是怒鬼迷惑了他；恐惧所不应当恐惧的事情，是惧鬼迷惑了他。”

王阳明与弟子的这段对话由谈论怕鬼而起。我们知道鬼是不存在的，但有人却怕这根本不存在的鬼，这恰好说明了他们心中有鬼。心中之鬼有很多种，比如色鬼、货鬼、惧鬼、怒鬼，但这个鬼并不是真正的鬼，而是我们的邪心。我们的内心正是被自己所迷惑，所以行为失当。

很多时候，我们常说自己被别人所迷惑，被物欲所诱惑，但这只是一个借口罢了。**真正迷惑我们内心的是我们自己，所谓心自迷也**。

当我们不再迷惑，就好像黑暗中看到太阳之光辉，一切都清清楚楚，明明白白，我们的所作所为都合乎天理，无瑕疵，亦无差错。

12

王阳明说

每一种情感都有要拿捏好的尺度

才过，便非心之本体，
必须调停适中始得。

忧伤、痛苦、恐惧，这些都是人在一生当中无法避免的。如何应对忧伤，如何管理我们的情绪，如何不让负面的情绪成为伤害我们自己的利刃，这是我们每个人来到这个世界上的必修课。坚强站立直面一切，决定了我们人生的高度，也决定人之所以为人应具备的基本素质。

陆澄住在鸿胪寺官署宿舍的时候，有一天忽然接到家中来信，说儿子病得很严重。陆澄心里非常忧愁苦闷，快要崩溃了。

王阳明说："现在正是应该用功的时候。如果现在放弃用功，空闲的时候再讲学有什么用呢？人正是要在这个时候进行磨炼。父子之爱，自然是最高的感情，但是天理自然也有个中和之处，过了就有私心了。人们在这个时候大都认为按照天理应该忧愁，就一味忧愁痛苦，不知道这已是在担忧祸患了，不得天理之正。基本上七情所发出来的感应，大多都过了，很少有不及的。**只要一过，就不再是内心的本来面目了，必须调停适中才可以。**就好像父母过世，作为子女的，哪有不想痛哭而求死觅活的。但圣人却说‘毁不灭性’。并非圣人强制这样做，天理的本来面目自然就有所限度，不可以超过。人只要认识到内心的本来面目，自然不能增加一分一毫，也不能减少一分一毫。”

王阳明与弟子的这段对话，可给它取个名字——“过情”论。其内容归纳为一句话就是：情感不能过，过了就有私心了。

每一种情感都有一个度，超过这个度，就有问题了。比如父亲关心儿子的舐犊之情，丧父的悲伤痛苦之情，这些都是人之至情，但也得有个度。天理就在人的内心。这个度也就在人的内心，是不是超过这个度，人的内心是可以察觉的。

与其说王阳明教授陆澄的是一种应对方法，还不如说是在教授一种价值观。这种价值观的核心就是中和，情感不能过，不能有私心。

13 王阳明说

心中没有偏倚，心态才能平和

今人未能有“发而中节之和”，须知是他“未发之中”亦未能全得。

孔子曾说：“人不知而不愠，不亦君子乎？”就是说，别人不知道你的身份，不了解你的财富，不知道你的才学，在这个时候你并不生气，这样你就是一名君子了。

不生气，也就是和气。遇到事情，不紧张，不着急，平静以对。做到这些要求我们的内心要没有私欲，要不偏不倚，追求一种中。

王阳明说：“不可以说喜怒哀乐未发的中常人都有。因为体和用是一源的，有这个体就有这个用，有喜怒哀乐未发的中，就有发而都符合礼仪的和。**现在的人没有喜怒哀乐发而都符合礼仪的和，就可以知道这是他喜怒哀乐未发的中还没有全部获得。**”

王阳明这段话阐述了中与和的关系。中是体，和是用；中是和的前提，主旨就是要让人们在喜怒哀乐未发的中上用功。**从中上用功，使自己的内心不偏不倚，平平静静，不为喜怒哀乐所左右，自然就和了。**

不过就像王阳明所说，喜怒哀乐未发之中，不是每个人都有的。事实上，我们每个人内心都有喜怒哀乐，所谓的中，在刚开始的时候是不存在的。

第一层次就是在人的内心有喜怒哀乐，但通过内心的力量将这种喜怒哀乐控制住了，在行动上没有表现出来。

第二层次就是心中已经没有喜怒哀乐了，不管发生什么事情，都没有情绪表现出来，这是最高境界。这个第二层次的最高境界，没有几十年的修为，恐怕是达不到的。

韩国总统朴槿惠即有一种不受情感左右的务实精神。当她听到父亲前总统朴正熙被谋杀的消息，第一个念头是“怎么会发生这样的事”，但她说出的一句话却是问“边境没事吧”。

14 王阳明说

内心足够强大才能从容处理世事

心之体，性也。性即理也。

为什么对待同一件事情不同的人会有不同的表现呢？关键就是各自的内心世界不一样。也就是有的能够尽性穷理，有的则不能够尽性穷理。

王阳明说：“**心的根本就是性，性就是理**。穷尽仁的理，就是要让仁到极致。穷尽义的理，就是要让义到极致。仁义只是我的本性，因此穷尽天理就是要尽自己的本性。

梁日孚说：“以前的儒者说一草一木都是有道理的，不可不省察，怎么样？”

王阳明回答说：“我则没有这个空暇，你先去理会自己的性情，必须能够穷尽自己的本性，然后才能穷尽物的本性。”

梁日孚听了之后，惊讶之下有所领悟。

这段对话中，王阳明举了穷仁穷义即尽性的例子，这是第一层意思。第二层意思则是如何去穷尽外物之理，即要穷尽一草一木之理，首先必须在自己的内心上下工夫。

尽性是根本。**只有自己的内心足够强大了，才可以处理这个世界上人与人的关系**。

15

王阳明说

不知道变通就是偏执于一念了

中只是天理，只是易，随时变易，如何执得？

世界是发展变化的。古代哲学家说过：人不可能两次踏入同一条河。如我们用静止的观点去看这个时时在变化的世界，岂不荒谬？对于世界，我们唯一的应对之策就是要知道变通，要与时俱进。

惟乾问王阳明："孟子说：'执中无权，犹执一。'这句话怎么理解？"王阳明答："**中只是天理，只是变化，随着时间的发展而变化，如何能够秉持呢？**必须因时制宜，很难预先定下一个规矩。比如后代的儒者将道理全部都说得没有一点缺失，建立一个格式，这就是执一。"

"执中无权，犹执一"的意思是说秉持中庸之道不知变通，就如同偏执于一点一样。王阳明告诉弟子，时代在变化，必因时制宜，不可能事先有应对的方法，若坚守一个方法不知变通就是偏执于一念了。

所以，我们必须要了解时代的发展方向，将那些旧的条条框框去掉，以一种与时俱进的精神去开创自己的美好人生。

如果不了解未来，我们就会失去未来。

16

王阳明说

心存善念，拥有一颗平常心

此念如树之根芽，立志者，
长立此善念而已。

一个讲究道德的人，应该是一个平和的人。没有过激的言论，也没有冲动的行为，一切都循序渐进，理性理智，安安静静，平平淡淡。

这就是王阳明所追求的圣人，要达到这种境界就要懂得收敛。

何为收敛？如何收敛呢？

首先，在心态上要去掉急躁，不能急于求成，要有平常心。其次，行事尽量不要太突兀，不要让别人眼红，否则树欲静而风不止。再次，要处理好与别人的关系，不要得罪别人。

唐翊问王阳明：“立志是经常存个善念，要为善去恶吗？”

王阳明说：“善念存在时，就是天理，此念已善了，还要考虑其他什么善呢？这个念头不是恶的，还要去除什么恶呢？**这个念头就好像树的根和芽一样，立志就是要长立这个善念而已。**‘从心所欲不逾矩’，只是志向到了成熟之处。”

王阳明还说：“精神道德言动，大体上以收敛为主，发散是迫不得已的。天地人和物都是这样的。”

王阳明与弟子的这段对话主要讲了两层意思：第一层讲的是立志。立志就是要经常存一个善念。第二层讲的是收敛。王阳明揭示了一个道理，即世界上的一切，包括天地人还有物，都是以收敛为主的。

现代社会的人，要处理好人际关系，**把事情做好，首先就要心存善念，其次就要收敛**。否则，招致的反对和压力越多，失败的可能性就越大。

17 王阳明说

把内心磨砺好，成功即水道渠成了

> 先生之“格物”如磨镜而使之明，磨上用功，明了后亦未尝废照。

自古以来，想成为圣人的人不少，但少有成功者。为什么呢？关键就在于他们没有找到一个正确的方法。

徐爱说：“人的内心就如同镜子一样。圣人的内心就如同明亮的镜子，普通人的内心就如同昏暗的镜子。近代格物的学说，就好像用镜子来映照万物，在照上用功，不知道镜子还很昏暗，怎么能够照呢？**老师格物的学说，就好像打磨镜子使它变得明亮，在打磨上用功，明亮之后也不会废弃映照**。”

徐爱的这段话非常精辟，比喻也非常恰当。每个人的内心都有一面镜子，圣人和普通人的区别就在于明亮与昏暗。一个人要成功就要在自己的内心上下工夫，先把这面镜子打磨好，自然就能映照万物了。

为什么世界上圣人这么少呢？关键就是**大多数人都放任自己的那面镜子尘埃满布，而不愿意擦拭一番**。这就好像一个盲人想看东方的日出，一个虚弱之人想打赢一场拳击比赛，这可能吗？

18

王阳明说

认识决定了我们的未来

道无精粗，人之所见有精粗。

人的一生，其实就是一个认识不断深化的过程。实际上，我们的认识是有层次的，我们每个层次的认识不全都是对的。所以要努力提升自己的认识，让自己每个层次的认识成为最正确的认识。

对未来有正确认识的人，一般就具有领袖的潜质了。什么是领袖？领袖就是能够确定一个正确的目标，并能够带领人们沿着这个目标前进的人。所以**认识决定了一个人的未来**。

弟子问王阳明道理的精粗。王阳明回答说：“**道理没有精粗之分，是人们所看到的有精粗而已**。就好像这一间房子，人刚刚走进来的时候，只看见一个大规模而已，待久了，柱子和墙壁这些东西，一一都看得明白。时间再久一点，柱子上有一些花纹和辞藻，也一一看得明白，但这也只是一间房子而已。”

王阳明与弟子的这段对话包含两层意思：第一层意思，道理只有一个，就好像房子只有一间一样。第二层意思，我们对道理的认识是不断深化的。

我们对事物的认识永无止境。只有不停地思考，不断地修正自己的看法，不断提升自己的认识，最后才能获得最正确的认识。

如何判断自己的认识是最正确的认识呢?

方法有三个：

一是看看这个认识里是否包含着自己的私心。

二是把我们据以做出认识的背景全面地、充分地思考一遍，看看有没有什么漏洞。

三是听一听比自己能力强的人的意见，看看他们对这个问题是怎么认识的。

能够做到以上三点，那么我们的认识就有可能是最正确的认识了。

19

王阳明说

惰性如尘，一日不除就会多厚一分

人不用功，莫不自以为已知，为学只循而行之是矣。

在很多时候，我们已经习惯于不思考。即使是思考，也只是那么几分钟的事情。实际上，我们现在已经不会思考了。

原因在哪呢？归根结底，是我们的思想出了问题。是否思考，怎么思考，完全掌握在我们自己手中。我们不思考，原因就在于我们自己。

王阳明对学生们说："各位最近见面的时候很少有什么问题，这是什么原因呢？**人们不用功，没有人不自认为已经知道为学了，只遵循着实行就可以了。**却不知道私欲每天都会产生，就如同地上的尘土一样，一天不扫除，就又增加了一层。实实在在用功，就会看见道无法最终穷尽，越探索越深刻，必须使纯洁没有一丝一毫不彻底才可以。"

我们为什么不思考？有一种原因是认为自己已经什么都知道了。另一种原因是因为我们没有养成思考的习惯。我们已经习惯于不思考，我们习惯按照本能或者按照别人的指令行事。

以上两点都说明了我们思想上的惰性，我们都不愿意思考。

所以我们要破除这个惰性。

我们所遇到的事情，每时每刻都在发生变化，所以我们必须随时思考。如果我们不会思考，我们就不会发现以前的观念已经不合时宜了，就只是在抱残守缺。

我们要破除思想的惰性，让自己思考起来。我们所面临的问题，哪个问题不需要我们深入思考呢?

不思考，一切都无从谈起。

20 王阳明说
每个人的观念都是自己的“偏见”

诸君要实见此道，须从自己心上体认，不假外求，始得。

每个人都有局限性，每个人的认识都带有自己的主观性，不管这个人是伟人，还是普通人。如果我们为自己所束缚，所局限，最后就会裹足不前。前人画地为牢，我们就被困在这个牢里，不敢出去，也不愿意出去。

汉朝开国皇帝刘邦之所以成功，就是能破除思想的局限。他就像一只空杯子，能接受一切智慧之水。不管你是王公贵族后裔，还是一般的士兵，只要你的意见对，他就全盘接受。他的思想是开放的，是没有偏见的，他也未曾执著于自己的一己之念。

王阳明说：“道没有一个固定的形式，不可以执著。拘泥于文义上寻求道，那就离道很远了。比如现在的人谈论天，其实什么时候见过天呢？说日月风雷就是天，不对；说人物草木不是天，也不对。道就是天，如果明白的话，什么东西不是道呢？人们只是各自以自己的一隅之见，认定道只是这样的，所以不同。如果向内部寻求，看到自己内心的本来面目，那么就无时无处不是这个道，从古到今，没有结束，也没有开始，更不会有什么同异。心就是道，道就是天，知道了心，就知道了道，知道了天。”

王阳明又说：**“各位要真的见到这个道，必须从自己的内心上体验认识，不从外面去寻求才可以。”**

王阳明指出，每个人都从自己的角度出发，看到的当然不是道的全部了。就好像盲人摸象，摸的部位不同，对大象就有不同的认识，每个人都必须放弃偏见，将所有观念集合起来，才能拼凑出一幅完整的大象图。

每个人的思想和观念都是自己的“偏见”，不能执著于自己的观念。要确保自己的思想和观念的正确，首先，不妨听取一下别人的意见和建议。其次，也是最重要的，就是要在自己的内心上体认。要判断一种思想的正确与否，除了自己的内心体认，难道还有其他更好的方法吗？

21

王阳明说

有活力的人才能做有活力的事

如“素富贵行乎富贵，素患难行乎患难”，皆是“不器”。此惟养得心体正者能之。

中国作家莫言在2012年获得了诺贝尔文学奖，成为世界级一流人才。莫言的成功告诉我们要成为国际一流的人才不是梦，作为个人，完全能够做到。那怎样做才能成为像莫言那样的人呢?

王阳明说：“人要根据自己的才能去成就一番事业，才就是他能力所及的事情，如夔的才能是擅长音乐，稷的才能是种植，是其资质性格就是这样的。成就一番事业，也只是要他内心纯粹是天理，他的行为都是从天理上发出来的，然后才可以称之为才。到了内心纯粹是天理，也就能不局限于一个方面，使夔和稷互换一下所从事的事业，他们也是能够胜任的。”

王阳明又说：**“‘素富贵行乎富贵，素患难行乎患难’，都是不局限于一个方面。这只有通过修养内心达到纯正的人才能做到。”**

王阳明当时正坐在一个水塘边，旁边有一口水井，王阳明就以此打比喻说：**“与其做数顷没有源头的塘水，还不如做数尺**

有源头的井水，生命力永远不会枯竭。”

上述王阳明所说的话，主要指出了两点。

第一点，人要根据自己的才能成就一番事业。这种才能是什么呢？包括两个方面：资质和性格。所谓资质可以称之为天赋，性格可以称之为兴趣。

莫言在文学上的成就，原因之一是他有文学方面的天赋，之二是他喜欢甚至痴迷于文学。而要拥有这种才能并因此成就一番事业，就必须内心纯粹是一个天理。如果内心纯粹是一个天理，他不做作家，去做其他事情，也会成功的。

第二点，做事情，要有生机，要有生命力。为什么一个人做事情能成功？因为他把这事情做得很有生机。比如莫言写小说，他就在不断创新，不断探索，而不是死气沉沉，一成不变，一潭死水。从个人来讲，也要做一个有活力的人。只有一个有活力的人，做出来的事情才能是有活力的。

所以，从今天起，我们要先弄明白自己的兴趣是什么，自己想做什么事情，然后让自己的内心纯是一个天理，用心去做事，并保持活力，就像有源头的井水那样，生机勃勃，这样就能够心想事成。

22

王阳明说

志向明确具体才不容易迷失

人君端拱清穆，六卿分职，天下乃治。

玩物丧志，就是沉迷于某种物体或事情而丧失志向，这也是逐物。逐物的后果就是丧失志向，就是失败。一个没有志向的人，何以确立自己的人生目标，何以能不失败呢？

为什么逐物会失败呢？首先要弄清楚怎样做才能不失败。不失败的要诀就是用正确的方法做正确的事情。如一个教师就只能做一个教师的事情，而不能做学生的事情，一个官员只能做官员的事情，而不能做一个商人的事情，否则就会失败。

内心逐物，就使我们无法用正确的方法做正确的事情。

弟子问王阳明："人心要追逐外物，怎么做才可以？"

王阳明回答说："**君主清静无为，六卿分别承担了他的职责，天下才能够政治修明，局势安定。**内心统领五官，也应该这样。现在眼睛要看的时候，内心便在美色上追逐；耳朵要听的时候，内心便在音乐上追逐。就好像君主要选拔官吏的时候，便亲自去坐在吏部；要调遣军队时，便亲自去坐到兵部。这样的话，岂止失去君主的身份，六卿也都不能履行自己的职责了。"

王阳明与弟子的这段对话告诉我们：

第一，凡事讲究职责分工，有纵向的分工，也有横向的分工，就如君主与六卿的关系，要把事情做好，只有各司其职，不越位，不缺位。

第二，如何将职责分工落到实处，如何将事情做好，恐怕还需在内心上下工夫。内心不能逐物，内心有自己的职责。眼耳口鼻有自己的职责，内心的职责就是去人欲、存天理，而眼睛的职责是看，耳朵的职责是听，口的职责是说。以上职责是不带感情的，不是为听而听，为看而看，为说而说。如果我们用内心的私欲去干扰眼耳口鼻，就属于超越职责的范围。如此做事情，恐怕难以成功。

23 王阳明说

放纵自己胡思乱想，便无片刻安宁

汝若于货、色、名、利等心，一切皆如不做劫盗之心一般，都消灭了，光光只是心之本体，看有甚闲思虑？

我们的思维经常脱离大脑的控制，一旦它如脱缰野马四处狂奔，后果就会很严重。当我们在与别人争执时，不以理性之绳加以控制，就可能导致事态激化。当我们独自一人时，也难免胡思乱想，而常胡思乱想会使人失去理智，使思维失去正常功能。

因此，我们要探寻胡思乱想的根源，将之彻底清除，使我们的思维恢复到正常的状态。

陆澄问王阳明："好色、好利、好名等心，固然是私欲，但如闲思杂虑，怎么也称之为私欲呢？"

王阳明回答说："**你如果对于好色、好利、好名等心，一切都像不做强盗、劫匪的心一样，都消灭了，光光只是内心的本来面目，那还有什么闲思杂虑呢？**这就是寂然不动，就是未发之中，就是廓然大公，自然感而遂通，自然发而中节，自然物来顺应。"

王阳明认为闲思杂虑是由于好色、好利、好名等私欲引起的。要清除闲思杂虑，就要从根本入手，将好色、好利、好名等私欲消灭掉，恢复内心的本来面目。

胡思乱想就是王阳明所说的闲思杂虑。胡思乱想之所以产生，是因为私欲。我们**如果要不胡思乱想，唯一的方法就是消灭内心的好色、好利、好名等私欲**。

当物欲横流的时代，个人的欲望被无限放大，但由于条件限制，个人欲望很多都无法满足，而这些欲望很多时候不仅不切实际，而且毫无必要，若沉迷其中，胡思乱想，代价是非常昂贵的。所以在这个时代，更需要内心的一份安宁，而方法只有一个——去除私欲。

24

王阳明说

控制得了自己的情绪，便能掌控人生

持其志，则养气在其中；
无暴其气，则亦持其志矣。

一个无法控制自己情绪、情商很低的人，是很难有远大的志向的。我们很难想象刘邦会为一点小事生气，华盛顿会为一点小事生气。那如何控制自己的情绪呢?

王阳明看问题向来都很彻底，他解决问题的方式也很彻底。对于如何控制自己的情绪，他并不像普通人那样会告诉你，遇事要在心里数十下，或者事前要多多考虑。他给的方法很彻底，那就是要做一个有志向的人。一个有志向的人肯定能控制自己的情绪。

王阳明说：“**保持自己的志向，则控制自己的情绪就在其中了；不要放任自己的情绪，这样也就是保持自己的志向了**。”

树立起一个远大的志向，就会自觉地控制自己的情绪，自己的情商也会随之提高。控制好自己的情绪，志向也就能保持了。

25 王阳明说

做人不需降低自己，也不要拔高自己

然百仞者不能引而为千仞，千仞者不能引而为万仞，是贤人未尝引而自高也，引而自高则伪矣。

王阳明认为，降低自己的身份或拔高自己，都是在作假。做人重要的一点就是要真，是什么就是什么。

学生问王阳明：“以前的儒者说：‘圣人之道，必降而自卑；贤人之言，必引而自高。’这句话怎么样？”

王阳明回答说：“这句话不对，这样做就是作假了。圣人就好像天一样，没有一个地方不是天，三光之上是天，九地之下也是天，天有什么时候降低自己的身份呢？这就是所谓的大行其道，使天下化之。贤人就好像山岳一样，只是守住山的高度罢了，但是**百仞的山峰不能拔高成千仞，千仞的山峰不能拔高成万仞，贤人不能拔高自己，拔高自己就是作假了。**”

26

王阳明说

不刻意不忽视，做事才能成功

即是戒慎不睹，恐惧不闻的工夫。

不要刻意去做一件事情，否则就可能搞砸，或者疲于应付。一旦刻意，就会把一件小事变成大事，就会举轻若重，得不偿失。

但另一方面，对待事情也不能不重视，不能不警惕。千里之堤，毁于蚁穴，一点微小的差错就可能导致巨大的失败。要防止这样的事情发生，就必须培养谨慎的性格，不忽视任何事情，哪怕是微小的事情。

弟子问王阳明："伊川说不应当在喜怒哀乐未发之前求中，延平却教为学的人看未发之前的气象，为什么？"

王阳明说："都是对的。伊川担心人们在未发之前寻求中，把中当做一物来看待，就像我以前所说的认为气定的时候就是中，因此让人们只在涵养省察上下工夫。延平担心人们没有便于下手的地方，因此就让人时时刻刻寻求未发之前的气象，使人正眼而看的只有这个，侧耳而听的也只有这个。**这就是戒慎不睹、恐惧不闻（人看不到的地方也常警惕谨慎，在人听不到的地方也常唯恐有失）的功夫**。此都是古人迫不得已引导人的话。”

王阳明指出，伊川之所以说不应当在喜怒哀乐未发之前求个中，是担心人们在未发之前寻个中，把中当做一物，就会偏执于一点了。而延平教学者看未发之前的气象，是要给学者指出下工夫的地方，具体来说就是要戒慎不睹、恐惧不闻。

王阳明是要告诉我们，**做事情的时候，不要刻意，做自己应该做的事情，应该怎么做就怎么做**，不要矫揉造作，不要急躁，说到底就是要内心没有私欲。另一方面，也要警惕慎重，要知所恐惧，要有敬畏之心。不刻意不忽视，做事情就能够成功。

27

王阳明说

不偏不倚才无私心杂欲

譬之病疟之人，虽有时不发，而病根原不曾除，则亦不得谓之无病之人也。

吴清源在自传《中的精神》中说道：“阴阳思想的最高境界是阴和阳的中和，所以围棋的目标也应该是中和。只有发挥棋盘上所有棋子的效率，那一手才是最佳的一手，那就是中和的意思。每一手必须是考虑全盘整体的平衡去下，这就是六合之道。”“87 岁的我所走过的道路，应该可以说是追求中和的人生吧。”

究竟什么是中呢？

王阳明说：“这应该从内心上体察认识，并不是言语所能解释的。中只是天理。”

陆澄问：“天理怎么称为中呢？”

王阳明答：“天理无所偏倚。”

陆澄问：“无所偏倚是怎么样一种情况？”

王阳明答：“就好像明亮的镜子一样，全部都莹洁透明，一点灰尘都没有沾染。”

陆澄说：“偏倚就是有所沾染。如果沾染没有发生出来，怎么知道它有所偏倚呢?”

王阳明答：“虽然未曾沾染，但是平时好色、好利、好名之心原本未尝没有。**就好像患疟疾的人，虽然有时不发病，但病根却不曾除掉，那么也不可称他为无病的人。**必须是平时好色、好利、好名等事情，一切私心，扫除清洗，丝毫没有留滞，而此心全体廓然，纯粹都是天理，才可以称之为喜怒哀乐未发之中，才是天下的大本。”

我们无论做什么事情，都要讲求中的精神。若要实现自我的目标，我们就要无所偏倚，要去掉私欲。**为了目标，就要调整好自己的内心，不要让私心杂欲干扰我们。**这就是吴清源在棋坛能够成功的重要原因。下围棋的时候，如果有私心杂念，急于求成，或心不在焉，怎么可能不失败呢?

吴清源在自传《中的精神》中还说：“当然，要达到中的境界，并非易事。这需要精神上的修养。所以我一直很重视信仰。”

29

王阳明说

若有心求异就只会看到异

然吾之心与晦庵之心，未尝异也。

争端来源于分歧。如果能够消除分歧或者对分歧能够有一个理性的认识，那么或许争端就能够解决。如果我们能够认识彼此的共同之处，那么就可以多一些宽容，无论对行为，对思想，还是对人。但如果是有心求异，为不同而不同，为反对而反对，分歧就难以解决，争端也难以平息。

王阳明的朋友看书时，经常挑刺批评朱熹。王阳明说："这是有心寻求不同，是不对的。我的学说与朱熹的学说有时有不同之处，是因为入门下手的地方只要有一点细微的差别就会导致巨大的谬误，不能不弄清楚。**但我的心和朱熹的心从来没有不同过**。像其他文义解释得明白恰当之处，怎么动得了一个字呢？"

有心求异，就会陷入一种无限制的批评之中，导致**为批评而批评，那样享受的是批评的快意，而不是理性的批评**。这样的批评，也遮蔽了我们的双眼，使我们只看到差异，而看不到共同之处。

30

王阳明说

时时克己修身才不会误入歧途

文公早岁便著许多书，
晚年方悔，是倒做了。

在历史上，可称之为圣人的不多，宋代的朱熹也可算是一位圣人。可是就算朱熹这样的圣人，在晚年也悔悟了。他发现自己以前的学说存在很大问题。

王阳明和弟子专门就这个问题有一段对话。

弟子士德问：“格物的学说，像老师所教的那样，明白简单易行，人人都知道。文公（朱熹）聪明绝世，对此反而没有仔细推究，为什么呢？”

王阳明回答说：“文公精神气魄很大，是他年轻的时候本来就要继往开来，因此一向只在考索著述上下工夫。如果能够亲身自我修行，自然没有时间顾及于此。等到他德业大盛之后，果然担心天道不明。如孔子辞官著述六经，删繁就简，开示后来的学者，也基本上没花什么精力去考索。**文公年轻的时候就写了许多书，晚年才后悔做反了。**”

王阳明又说：“但文公的力量大，一后悔就转变。只可惜没过多久他就去世了，平时的许多错误之处也都来不及改正了。”

朱熹认为格物就是在事事物物上寻找定理，是去研究，去著书立学，而王阳明认为格物是在事情上去掉内心的人欲，保存内心的天理，说白了就是克己自修。等到朱熹学问做得很大了，却担忧天理不明，这才觉得自己以前的做法是错误的，做倒了。

所以真正的格物是要克己修行，是要在做事情的时候去掉内心的人欲，保存内心的天理。

31

王阳明说

善与恶其实就是我们心中的好与恶

子欲观花，则以花为善，以草为恶；
如欲用草时，复以草为善矣。

世界上的物是没有善恶的。如一草一木，一砖一瓦，都没有善恶。

善恶源于我们的内心。**我们看外界的事物有善有恶，是因为我们的内心把它们分成了善恶。**

薛侃铲除花丛中的杂草，因此说道："天地间为什么善难以培养，恶难以除去？"

王阳明说："没有培养也没有除去。"

过了一会儿，王阳明又说："这样看善恶，是从身体上起意念，就会错。"

薛侃没有理解。

王阳明说："天地生万物，花和草是一样的，什么时候有善恶之分？**你想欣赏花，就认为花是善的，认为草是恶的；如要用草时，又认为草是善的。**这样的善恶，都是由你心中的好恶所产生的，因此知道是错的。"

32 王阳明说

不要让自己经常后悔

悔悟是去病之药；然以改之为贵，若留滞于中，则又因药发病。

每个人都会做错事，都会后悔。但如果经常后悔，问题就没那么简单了。

“经常”说明我们没有认真自省，没有改正我们的错误。我们所犯的错误，很多时候都是以前错误的重复。如果我们在以前犯错的时候，就能够引起重视，加以改正，以后就不会犯错了。

王阳明的弟子薛侃经常后悔。王阳明说：“**悔悟是除去毛病的药，但是关键的是要将毛病去掉。如果将毛病留在身上，那么又会因为悔悟而产生毛病。**”

王阳明告诉我们，如果不去掉身上的毛病，却只是后悔，那么后悔本身又产生了新的毛病，如使你情绪低落，使你一蹶不振，使你痛恨自己，使你对未来失去希望，等等。所以，犯错后的重点不是后悔，而是改正。有错就改，一点都不累于心。

有错能改，善莫大焉。这句话从一个侧面说明了改正错误的极端重要性。**但比起改正错误，预防错误更重要**。而要预防错误，关键的还是要提升个人修养。

33 王阳明说

一心一意地冲着目标前行

学者一念为善之志，如树之根，但勿助勿忘，只管培植将去，自然日夜滋长，生气日完，枝叶日茂。

我们每个人都应树立志向。但树立志向，关键是什么呢？王阳明告诉我们，立志贵在专一。

研究历史上的成功者，大部分都具备两个条件：一是树立一个正确的长期目标。二是坚定不移地为这个目标而努力奋斗，不动摇，也不退缩。

无志之人常立志，有志之人立长志。为什么有的人，经常要立志呢？原因在于两个方面：一是对于自己的未来和需求没有一个明确的认识，导致无法确立一个长期的有效的目标。二是他的意志不坚定。一个人改变志向，要么是害怕困难，要么是受到其他诱惑。

对于立志贵在专一，王阳明有着很深刻的认识。

王阳明说："种树的人一定要培养树的根，种德的人一定要培养自己的内心。想让树生长，必须在刚刚生长的时候将树枝砍去；想要德行昌盛，必须在刚刚开始学习的时候去掉心外之好。比如喜好诗文，那么精神就一天天消耗在诗文上，所有的心外喜好都是这样的。”

王阳明接着又说：“我在此讨论学问，是无中生有的功夫，各位要是相信，就只是立志。**学者一心一意为善的志向，就好像树的根，不揠苗助长，也不要遗忘不管，只管去培植它，自然日夜生长，生机一天天旺盛，枝叶也一天天茂盛。**树刚刚生长的时候，就长出繁盛的枝叶，必须将其砍掉，然后树根和树干才能长大。刚刚学习的时候，也是这样。因此，立志贵在专一。”

王阳明用种树作比喻，来说明立志贵在专一。做事的时候，既不能急，也不能慢，心无旁骛，**一心一意冲着目标而去，这才是成功的关键**。

34 王阳明说

空杯心态让你变得更优秀

专涵养者，日见其不足；
专识见者，日见其有余。

在你面前，有一个空杯子，你可以往杯中加水，直到加满为止。但是，如果你面前的杯子已经装满了水，无论你怎样往杯中加水，也是一点水都加不进去。

我们的心态，其实就像杯子，有的是空杯子，随时可以往里边加水；有的是满杯子，一点水都加不进去。如果你是空杯子，你的知识、能力和修养就会一天天加深；如果你是满杯子，那么你到死都是一个样，不会变得更优秀。

但是如何才能清醒地认识到自己是空杯子呢？

王阳明认为，要认识到自己是空杯子，就要在提升个人道德修养上下工夫。认识到自己是空杯子还是满杯子，是个认识论的问题，是思维的问题，是修养的问题。

王阳明的学生中有人谈起，在王阳明的学生中，有的人在涵养上下工夫，有的人在识见上下工夫。王阳明说：“**专门在涵养上下工夫的人，一天天看见自己的不足；专门在识见上下工夫的人，一天天看见自己有剩余。**一天天看见自己不足的人，一天天有剩余；一天天看见自己有剩余的人，一天天有不足。”

在涵养上下工夫，也就是在个人修养上下工夫，这样的人就会天天看到自己的不足，所以会努力加以改正，努力提升个人修养，最后自己的修养和能力就会变得越来越多、越来越高。

而在识见上下工夫，也就是在多闻多识上下工夫，这样的人通常会自满，因为发现自己知道的东西比别人多。但实际上，知识是无法穷尽的，一个人所掌握的知识是极有限的，如果一个人感到的自己的识见已经够多，就自满了，而不去继续学习，那么他的不足之处也就一天天增多。

35 王阳明说

有先入之见便有失当之处

大凡看人言语，若先有个意见，便有过当处。

先入之见，是我们对某件事或某个人事先存在一种意见或看法。就其实质而言，也是一种成见，一种偏见。

如果有了先入之见，实际上就关闭了接受正确意见的大门，失去了改正错误的机会。就结果来看，一个人有了先入之见，做事情就会失败。

先入之见，是一种固定之见，这在社会中普遍存在。比如我们征求别人的意见，却只是做个样子，听不进别人的意见，或者只听好听的意见，不听批评的意见，甚至连中肯的意见都听不进去。比如我们对一个人，不去调查研究，根据自己以往经验，就认为某人有用或没用，不失察才怪。

先入之见，常常是我们失败之根源。我们所面对的世界无时无刻不在变化之中，我们的观念也要与时俱进。预先设定一个观念和意见，也就是所说的先入之见，是无助于我们事业成功的。

志道问王阳明："荀子说：'养心莫善于诚。'以前的儒者对此进行了批判，为什么?”

王阳明说：“这也不可以认为是错的，诚字有从功夫角度来说的：诚是内心的本来面目，寻求恢复内心的本来面目，就是思诚的功夫。明道说的‘以诚敬存之’也是这个意思。大学‘欲正其心，先诚其意’，荀子的话固然有很多毛病，但不可一律吹毛求疵。**大凡看一个人的话，如果事先有一个看法，便是有失当之处。**‘为富不仁’的话，孟子是引用阳虎的话，这就可以看见圣人大公之心。”

王阳明这段话最重要的一点就是：大凡看一个人的话，如果事先有一个看法，便有失当之处。就拿荀子这个人来说，先前的儒者对他“养心莫善于诚”进行了批判，我们不能事先有这种想法，否则就会有偏见，就不能正确地认识这句话的意思，就不能正确地认识荀子。

不仅是看一个人的话，看一个人、一件事，也是如此，不能事先有一个看法，不能有先入之见。

36

王阳明说

不要让忧愁占据你的心灵

有一学者病目，戚戚甚忧。

先生曰：“尔乃贵目贱心！”

人生不如意事常十之八九。这也意味着大多数人的人生并不尽如人意。

因为种种不如意，忧愁常常占据着我们的心灵。而忧愁就像一把锋利的匕首，会使我们形销骨立，使我们失去希望，使我们一蹶不振。

这是一个现实，我们可以努力改变，但并不一定成功。既然我们无法改变这些不如意的事情，也**无法避免不如意的事情发生，那么唯一能做的就是改变对这些不如意的事情的看法**。

为了我们的人生，为了我们事业的成功，无论遇到多大的困难，我们都可以把持住自己，顶住一切，始终保持一种乐观的精神，不要让忧愁占据我们的心灵。即使内心禁不住有那么一丝忧愁，也不要在人前表现出来，让人觉得你的软弱、你的可欺。

有一个跟随王阳明学习的人，眼睛患病了，非常忧伤。王阳明就对他说：“你这是以眼睛为贵，以心为贱。”

一个人的眼睛患病了，最重要的是抓紧时间医治。如果没钱医治或者医治不了，也不要总是悲伤、忧愁，因为无论你如何忧愁，也无济于事，相当于在做无用功，甚至是做负功。

王阳明曾经说过，乐是心之本体。我们的心就是要保持一种快乐，即使是一个乞丐，也要保持快乐。即使一无所有也要保持快乐，这并不是人们所说的穷开心，这是我们作为一个人所应有的姿态。

在我们的面前，有两种选择，要么忧愁，要么快乐，前者会让我们失去理智，而后者会让我们保持理性，前者百害而无一利，后者百利而无一害。只要是一个理性的人、一个对自己负责的人，一定会选择快乐而不是忧愁。

37 王阳明说

心有多大世界就有多大

你未看此花时，此花与汝心同归于寂；你来看此花时，此花颜色一时明白起来，便知此花不在你的心外。

一个人心有多大，世界就有多大。如果你的心很狭窄，容纳不下一些东西，那么你就永远无法认识的新的事物，就无法走向遥远的远方，也就永远得不到真相。

刘邦要不是心怀天下、有经营天下的雄心，又怎么可能成为皇帝呢？李斯要不是不安于家乡平淡的生活，又怎么建立后来的功勋呢？很多人被一份工作拴住，被平淡的生活拴住，被习俗和习惯拴住，因此，心变得越来越狭小。而如果我们所认识的世界很小，也许就仅仅是一个村、一个乡、一个县，岂不悲哉？

当然，**即使身处一个村庄，虽然不能远行，却也可以在这里经历一些事情，成就一点事业**，也算是对世界的一种认识。若每天麻木不仁，不思进取，既不想去学一点新的东西，也不想去学一点技术，浑浑噩噩，吃饭睡觉，无所事事，那这样的人心就已经死了。这是天底下最悲哀的事情。

王阳明游览南镇的时候，一位友人指着岩石中的花树说道：

“天下没有心外之物，比如此花树在深山中自开自落，和我心又有什么相关呢?”

王阳明说：**“你没有看此花的时候，此花与你心同归于寂。你来看此花的时候，此花的颜色一时就明白起来，就知道此花不在你的心外。”**

这段话以花树以例，说明了天下无心外之物这个道理。天下无心外之物，言外之意就是天下所有的物都是可以认识的，比如西域并不在你的心外，咸阳并不在你的心外，火星也并不在你的心外，大海也并不在你的心外，但这只是一种应然，而不是实然。你要认识西域，让西域在你的心中，你就必须到达西域，你要认识咸阳，让咸阳在你的心中，你就必须到达咸阳。而这一切，也取决于你的心有多大。

38

王阳明说

客观真实才能正确做事

心无体，以天地万物感应之是非为体。

做任何事情，都必须以客观真实为基础。如果不客观、不真实，事情就无法做成功。比如你要做一件事情，但你没有仔细观察，没有去了解，不知道实际情况，就凭自己的主观意识做出决定，这样岂有不失败的道理？

真实客观是我们据以做出决定的基础。可是我们很多人，只是一意地按照自己想要的去思考，去看待问题，而无视客观的事实。为什么会这样呢？归根结底还是私欲的问题。因为人有私欲，所以看不到真实的世界，甚至不愿意看到真实的世界。比如**你对自己的长相不自信，原因在于你太在乎自己，太患得患失**。

王阳明说：“眼睛没有实体，以万物的颜色为实体；耳朵没有实体，以万物的声音为实体；鼻子没有实体，以万物的气味为实体；嘴巴没有实体，以万物的味道为实体；**心没有实体，以天地万物感应的是非为实体。**”

这段话告诉我们眼睛、耳朵、鼻子、嘴巴和内心都应该反映客观真实。但眼睛、耳朵、鼻子、嘴巴和内心反映客观世界并不是被动的，而是要真实的反映。比如你的眼睛看到一件事情，你要确定你看清了吗？就像侦探小说里写的一样，在观察犯罪现场的时候，普通人所能看到的痕迹屈指可数，但一个侦探尤其是福尔摩斯这样的名侦探却能看到许多的痕迹。正因为福尔摩斯所看到的才是接近真实犯罪事实的，所以摩尔摩斯成为一位伟大的侦探。

39

王阳明说

我的世界我做主

我的灵明，便是天地鬼神的主宰。

世界与我们究竟是什么关系？

世界是客观存在的，不以人的意志为转移。但不同的历史时期，不同的人群，甚至不同的人，对世界的认识都不一样。虽然世界是客观存在的，但每个人心中都有一个世界。人本身不是世界，人只能通过自身去认识世界。从这个角度讲，客观世界也不离不开人的内心。

心有多大，世界就有多大。一个人也好，一个国家也罢，最终能发展到什么程度，取决于对世界的认识程度。你所能看到的世界，是由你的内心来决定的。你的内心前进一步，世界就在你面前呈现一分。

王阳明说：“**我的灵明就是天地鬼神的主宰**。天没有我的灵明，谁去仰视它的高？地没有我的灵明，谁去俯视它的深？鬼神没有我的灵明，谁去辨它的吉凶灾祥？天地鬼神万物，离开我的灵明，就没有天地鬼神万物了。我的灵明离开天地鬼神万物，也没有我的灵明。……现在看死去的人，他的这些精灵都游散了，他的天地万物还在哪里？”

王阳明认为，若没有内心，万物对于自我来说就毫无意义，甚至可以说不存在。只有自我内心知道的事物，对自我来说才是存在的，才是有意义的。另一方面，如果没有万物，内心也是不存在的。因为万物不存在，感应就不存在，内心自然一无所有。从这两个角度，就可以说明人心与物是同体的。

所以，**无论世界有多大，我们的内心都始终有一个自己的世界**。在这个世界里，你可以做自己的主人。

第二章　知行合一

王阳明说：『知是行的主意，行是知的工夫；知是行之始，行是知之成。』如果理解了这句话的意思，我们只要说一个知字，行就包含在里边了；说一个行字，知就包含在里边了。而生活中的许多人，总是将知行分做两件事。只是凭空思索，从不加以行动；或者只会盲目行动，从不会加以思考。真知必行，如果不行动，就不能获得真知；真行必知，真正的行动，必须要以知为前提，如果没有知，行动就会失败。

40 王阳明说

醉过方知酒浓，爱过方知情重

又如知痛，必已自痛了，方知痛；知寒，必已自寒了；知饥，必已自饥了；知行如何分得开？此便是知行的本体，不曾有私意隔断的。

醉过方知酒浓，爱过方知情重；吃梨知味；读万卷书，行万里路。这几句话看似风马牛不相及，但关注的却都是知和行的问题。知不是一般的知，行不是一般的行，知是真知，行是真行，知和行是合一的。

徐爱因为没有领会老师王阳明知行合一的理论，与黄宗贤、黄惟贤多次辩论也未能平息心中之惑，就去问王阳明。

王阳明说："你试着举几个例子来看看。"

徐爱说："现在有人完全知道应当孝顺父亲、敬爱兄长，却不能孝顺，不能敬爱，由此可见，知和行分明是两件事。"

王阳明说："这已经被私欲隔断了，不是知行的本来面目了。从来没有知却不行这回事，知但是不行，只能算是不知。圣人教人知行，就是要恢复知行的本来面目，不是让你这样就行了。因此《大学》指出一个真知行给人看，说'如好好色，如恶恶臭'。看见美好的容貌属于知，喜欢美好的容貌属于行，只是见到那美好的容貌时就已经喜欢了，不是见了之后又立个心愿去喜欢。闻到臭味属于知，厌恶臭味属于行，只是闻到那臭味时就已经厌恶了，不是闻了之后又立个心愿去厌恶。**又比如知道疼痛，一定是自己疼痛过了；知道寒冷，一定是自己寒冷过了；知道饥饿，一定是自己经饥饿过了；知和行又怎么能分得开呢？这就是知行的本来面目，没有私欲将它们隔断。**圣人教人，一定要这样，才可以称之为知，不然的话，只是不知。这是多么重要切实的功夫。现在一定要说知和行是两件事，是什么意思？说知和行是一件事，又是什么意思？如果不知道立论宗旨，只顾说知行是一件事或两件事，又有什么用呢？”

王阳明的话非常精辟。他指出知行是合一的，知行不合一，是因为人的私欲将知行隔断了，而要做到知行合一，就要除掉私欲。那么知行合一是什么意思呢？真知必行，如果没有行这个前提，就不可能有真知。真行必知，如果没有知这个前提，就不可能有真行。**真正的知行合一还是即知即行，即行即知，就是知道了马上行动，行动了马上知道。**

41 王阳明说

盲行妄思是一剂毒药

今人却就将知行分作两件去做，以为必先知了，然后能行。我如今且去讲习讨论，做知的工夫，待知得真了，方去做行的工夫，故遂终身不行，亦遂终身不知。

我的一位朋友，爱上一位姑娘，整天想着，都快成相思病了，却始终没有走出哪怕是微小的一步。就这样默默地暗恋、苦恋，最后形销骨立，令人唏嘘不已。我这位朋友，因为没有行动，所以他就不可能得到姑娘的爱。而我另外一位朋友，却是因为自卑，失去了至爱。他心中想着等自己有朝一日发达了，再去向至爱表白他的爱，结果也失去了机会，至爱已做他人妇。

我们平时也可以看到所谓的穷忙族，越忙越穷，其问题就出在漫无目的地做事情，这样自然难以取得预想的结果。我们究竟是应该摸着石头过河呢，还是应该等到万事俱备？

徐爱问老师王阳明："古人说知和行是两件事，也是要让人看个明白。一面在知上下工夫，一面行上下工夫，这样功夫才有落实之处。"

王阳明说："这样说就失去了古人的意图。我曾经说**知是行的主意，行是知的功夫**；知是行的开始，行是知的成就。如果遇到理解的，只说一个知，行就已经在其中了；只说一个行，知就已经在其中了。古人所以既说一个知，又说一个行，是因为世界上有一种人，稀里糊涂、随心所欲去做事，全然不知道思考反省，只知盲目行事，任意胡为，所以要说一个知，才能行得正确。还有一种人，漫无目的，模糊不清，凭空去思考，全然不肯认真地身体力行，只是推测模拟而已，所以必须要说一个行，才能知得真切。这是古人迫不得已补偏救弊的见解。如果知道这个意思，那么一句话就够了。”

王阳明又说：“**现在的人却将知行分作两件事来做，以为一定要先知了，然后才能行。我现在先去讲习讨论，在知上下工夫，等到知得真切了，才到行上下工夫，因此也就终身不行，也就终身不知了**。这不是小的病痛，其产生已经不是一天了。我现在说知行合一，正是治病的药。”

知行合一是一剂良药，要治的是两种人，一种是盲目行事的人，另一种是凭空思索的人。这两种人都不可能获得真知，也不可能做成功事情。生活中，经常会听有人说：“你用用脑子好不好?”也经常听有人说：“还坐着干什么呢? 赶紧行动起来。”这两句话就是知行合一在现实生活中的一个明证。王阳明的学说并不高深，所见皆是道，吃喝拉撒都是道，道法自然，道源自生活。

42 王阳明说

道理简单易懂才容易落实

天下之大乱，由虚文胜而实行衰也。

天下大道至简。因为简，所以容易实行。但道是用文来表述的，只专注于文，不仅越来越繁，且离道越来越远。道是用来行的，连道都不知道，那么行也就不可能了。

王阳明说：“**天下大乱，是因为虚文昌盛而实行衰落**。孔子述六经，害怕繁文扰乱天下，意在使天下一定要去掉虚文而寻求行事之实，并非以文辞来教人。春秋以后，繁文越来越昌盛，天下越来越乱。天下所以不能治理，只因虚文昌盛实行衰落。每个人都有自己的意见，比较谁的意见更新奇，向世人炫耀，追求名誉，只不过是混乱天下的视听，蒙蔽天下的耳目，使天下的人全部都争着修饰文辞，以求知名于世，而不再知道有注重根本、崇尚实际、返璞归真的实行。”

王阳明认为，天下大乱的根源是文盛实衰。换一句话来表达就是，天下大乱的根源在于人们只说不做，而只说不做，所说的本身就难以成为真知，同时也不会产生任何积极有力的后果。

王阳明的这段话，归根结地，只有两个关键点：文要简和行要实。

43 王阳明说

警惕因贬恶而做了扬恶的事

善可为训者，时存其迹以示法；恶可为戒者，存其戒而削其事以杜奸。

在一个不诚实的社会，大多数人都不会讲诚信。原本诚信的人怎么也会变得不诚信了呢？说到底是由于社会对个人产生的不好影响。

不同的历史造就了不同品格的人。

王阳明说：“历史是指明善恶，显示教导和劝诫，**可以教导人的善事，保存事迹让人效法；可以劝诫人的坏事，保存其劝诫而删除其事迹以杜绝邪恶**。”

徐爱说：“保存其事迹让人效法，也是存天理的本然，删除其事迹以杜绝邪恶，也是要将人欲遏制于萌芽状态吗？”

王阳明说：“圣人作经，本来无非就是这个意思。”

王阳明明确指出了善事要记录详细的事迹，以此来教化人；而恶事仅仅保留对后世的警示，其具体的事迹要删除，以免人学了之后变得邪恶。

44 王阳明说

多在事上磨炼方可掌控人生

> 人须在事上磨，方立得住，
> 方能静亦定、动亦定。

职场、人生场都需要 hold 住！所谓 hold 住就是要镇定，要控制得住场面或形势。可大多数的人在大多数时候都 hold 不住。这是为什么呢？

大多数人 hold 不住是因为不得其法，是因为缺乏历练。

王阳明一生都面临着波谲云诡的情势变化和险恶丛生的生存环境。如此背景下，他只有 hold 住才能生存。他是如何看待 hold 住与否的呢？

弟子问王阳明："安静无事的时候也觉得道理很好，但一遇到事情就不同了，这是为什么？"

王阳明说："这是仅仅知道养静（在宁静环境中修养身心），而不下克己（克制自己）的功夫。这样一来，遇到事情就要跌倒。**人必须在事情上磨炼，才能立得住，才能无事的时候内心安定，有事的时候内心也安定**。"

一个人要 hold 住，就要多经历一些事情，但仅仅这样是不够的，如果不知道自省、提升，那么经历再多的事情也是 hold

不住的，一遇事即溃败。

按照王阳明的说法，要 hold 住就必须做好两件事：一件事是要下克己的工夫，要克制自己的私欲，要克制自己的言行。另一件事是要多在事情上磨炼。这正是不经历风雨，怎么见彩虹；梅花香自苦寒来，宝剑锋从磨砺出。**在事上磨炼的时候，不仅要磨炼自己处理事情的能力，也要磨炼自己的内心世界。**

45

王阳明说

做正确的事，正确地做事

素夷狄，行乎夷狄，素患难，
行乎患难，无入而不自得。

人生有高潮，也有低潮，有欢笑，也有悲伤。人身处其中，何以自处呢？低潮时有低潮时的应对之法，高潮时有高潮时的应对之法。不管在人生的何处，我们唯有用心应对，不悲伤，不气馁，不骄傲，不自满。务去空言，多行实践。

弟子问王阳明："孔子的弟子谈论志向，由、求志在处理行政事务，公西赤志在主持礼乐，多少有些实用。等到曾皙说时，却变成了玩耍的事情，圣人却赞许他。这是什么意思？"

王阳明回答说："由、求、公西赤三个人有固执之意。有固执之意就偏在一边了，能做这件事未必能做那件事。曾点的意思，却没有固执之意，便是'就所处的地位做自己应该做的事情，不羡慕之外的事情'。**'处在夷狄的地位，就做夷狄应该做的事情，处在患难时，就做患难时应该做的事情，不管到哪里都没有不自得的'**。由、求、公西赤就是所说的'汝器也'（你就像器皿一样，意谓只有一方面的才能），曾点就有不像器皿的意思（意为才能不局限于一方面）。但是由、求、公西赤的才能都卓然成章，并不像社会上那些空言无实的人。因此，孔子对他们也都很赞许。”

王阳明与弟子的这段对话由谈论志向而起。王阳明评论了两种志向：一种是有固执之意的志向，一种是没有固执之意的志向。有固执之意的志向，比如志向当一个大官，或是作家、大将军、商人，等等。有这样志向的人，能当大官的未必能当大将军，能当作家的未必能当商人。没有固执之意的志向，比如志向要做一个对社会有用的人。这种人往往做官能做好，转行做别的行业也能很成功。春秋的范蠡先是做官，功成退隐之后，又转行做了商人，也做得非常成功，人称陶朱公。

但是王阳明所言并不仅仅局限于志向，他其实旨在告诉我们处世的态度和方式，即如何才能自得。简单来说，就是**就所处的地位做自己应该做的事情**。这既是责任，也是本分，也是我们做好事情的前提。古代人说，一屋不扫，何以扫天下？保持一屋的干净整洁，乃一人应做之事。连应做之事都做不好，还能做得好其他事情吗？

46 王阳明说

空谈无益，只是徒逞一时之快

如人走路一般，走得一段，方认得一段；走到歧路处，有疑便问，问了又走，方渐能到得欲到之处。

任何言语如果不付诸实行，那就是空谈。空谈永远都停留在口头，永远都没有实行的一天。那些**夸夸其谈的人，所说的话只不过是逞一时口舌之快**。

而一个真正做事的人，根本不用说，人们也知道他在做事了。王阳明一生讲究知行合一，一项计划没有付诸实行，就只是一个空计划。只有实行，才能达成我们的目标。

弟子问王阳明："知至然后才可以说诚意。现在天理和人欲都还没有认识穷尽，怎么下克己的工夫呢？"

王阳明回答说："一个人如果真正亲自用功永不停息，那么内心天理的精微就一天天显现，私欲的细微也一天天显露。如果不下克己的工夫，整天只是说说而已，天理最终也不会显现，私欲也最终不会显露。**就好像人走路一样，走了一段，才认得一段；走到分岔路口，有疑惑就去问人，问清楚了，又继续走，才能逐步走到想要到的地方**。现在的人对已经知道的天理不肯保存，已经知道的人欲不肯去掉，却担心知识不能穷尽。只管空讲，有什么好处呢？等到克制自己到没有私欲可克，再去担心知识不能穷尽，也还不迟。”

王阳明的弟子认为，要先知，然后才能行，如果不知的话，就不能行。针对弟子的问题，王阳明提出要真正用功，如果不真用功，就只是说说而已，简单来说，就是要行。从道德修养的角度来讲，所谓行，就是要去掉自己内心的私欲。等到我们去掉了内心的私欲，再去寻求外在的知识，也一点都不晚。

王阳明告诉我们：行动，只有行动，才是一切成功的根源。很多事情，每个人都会讲，但却没有一个人真正去实行，尤其是对于那些明明知道应该做的事情，却没有去做，只满足于说说而已，如此，怎么能成功呢？

47

王阳明说

要重视当下，不留遗憾

只存得此心常见在，便是学。过去未来事，思之何益？徒放心耳！

昨天和过去，都已经在我们手中永远流逝了，再也无法追回。无论昨天和过去多么辉煌，或多么悲惨，都已经离我们远去。而明天和未来，还没有发生，不管你再怎么幻想，它也是未知数。所以，一个人要奋斗，要努力，上天给予我们的机会就只有今天和现在。

王阳明说：**“只要让这个心时常存在，就是学了。过去和未来的事情，想它们有什么用处呢？白白放纵心思罢了。”**

王阳明的观点是要重视当下，过去和未来的事情，不要去想，否则就白白浪费心思了。

从现在起，开始重视当下，重视今天，重视现在，重视每一分，每一秒。用尽全力把现在的事情做好，把今天的事情做到完美，不留一丝遗憾。用好每一分，每一秒。

你把现在的事情做好，就为未来奠定了坚实的基础。重视今天和现在，实际上就是重视明天和未来。

重视当下，就是要在当下为改善我们自己做出最大的努力。

48 王阳明说

心中有备，遇事才会从容

孟子谓“必有事焉”，是动静皆有事。

《菜根谭》里有句话说得好，“无事常如有事时，提防才可以弥意外之变；有事常如无事时，镇定方可消局中之危”。心中有事，也就是“无事常思有事时”。心中有事，实际上就是要所思考，多锻炼。一个人如果心中什么事情也不想，整天浑浑噩噩，如行尸走肉一般，怎么会成功呢？

一个人，勤于思考，大脑从来不闲着，**因为心中有所准备，所以临事的时候才不会束手无策，穷于应对**。一个人，不管你处于多么平凡的岗位，如果只是满足于将手上的事情做好，而不进行一些观察和思考，就可能错失良机。一个小职员，若只是满足于把职员的事情做好，不去思考一些经理应该做的事情，不多加锻炼，怎么可能胜任经理的工作呢？

所以，当你空闲的时候，千万不能让自己闲下来；当你无事的时候，千万不能放松自己，不要让自己流于平庸。

弟子问王阳明：“格物在动的时候用功吗？”

王阳明回答说：“格物不分动静，静也是物。**孟子说‘一定要有事’，是动的时候和静的时候都有事。**”

王阳明认为格物就是“一定要有事”，不管动还是静，都要有事。“一定要有事”，就是无论何时都要所思考，有所警惕，有所锻炼。无论你处于多么卑微的地位，无论你从事多么平凡的工作，你都要学会思考和观察，学会提升自己。

当然，王阳明所说的心中有事，主要是从个人修养方面讲的，也就是说不管有事没事都要提升自己的个人修养，而王阳明学说的现代意义已经扩展到了个人能力提升方面。当我们没有事情的时候，要做到心中有事，在个人修养和个人能力两个方面，都要下工夫，想尽一切办法提升。

一个很简单的方法就是当我们无事的时候，仔细观察别人是怎么做事的，同时可以思考一下，如果我们去做，我们会怎么做？我们是否比别人做得好？如果做得不好，差距在哪里？看到自己的差距，然后下工夫进行提升。这样做到“心中有事”，最终你的能力与修养一定会有所提升。

49 王阳明说

见善则迁，见过则改

吾辈今日用功，只是要为善之心真切。此心真切，见善即迁，有过即改，方是真切工夫。

内心要真切，真切就是真诚恳切。不论在什么时候，对自己都要真诚恳切，不要欺骗自己。比如你长得不帅，却不敢正视这事实，心中还认为自己很英俊；比如你已经处于危险境地了，但内心还认为自己很安全。这些都是不真诚的缘故。那么什么是恳切呢？恳切就是立刻行动，没有丝毫的停留和犹豫。比如你处于危险的境地，真诚就是要认识到这个危险，恳切就是要马上脱离这个危险。

所以，**所谓真切，就是要客观地认识对待，迅速地采取行动**。

王阳明问弟子们说："近来功夫怎么样？"

一个弟子说："近来内心清虚纯洁。"

王阳明说："这是说虚幻不实之物。"

另一个弟子说："现在和以前不一样了。"

王阳明说："这是说效果。"

两个弟子都一副若有所失的样子，就向王阳明请教。

王阳明说：“**我们现在用功，只是要为善的心真诚恳切。这心真诚恳切，见善即迁，有过就改，才是真诚恳切的功夫。**这样的话，人的欲望一天天消失，天理一天天显现。如果只管寻求虚幻不实之物，讲求效果，这是助长向外追求的病痛，不是功夫。”

王阳明认为提升修养的功夫，是要为善之心真切，即见善即迁，有过即改。换句话说，就是要去人欲、存天理，而且强调即时，即要马上行动，马上去人欲，马上存天理。

现在的人要做到内心真切已经很难了，有的人欺骗别人，欺骗久了，甚至连自己也欺骗了。而若内心不真切，我们的判断就可能不客观，就可能建立在海市蜃楼上；若内心不真切，我们的计划和目标就可能无法得到落实，所思所想就无法付诸行动。

50 王阳明说

不要为自己找任何理由

先正云“惟患夺志”，但恐为学之志不真切耳。

我们要做什么事情，就勇敢地去做，不要有什么顾虑，也不要给自己找什么理由。给自己找理由，是弱者的行为，是懦夫的行为。一个给自己找理由的人，恐怕是很难成功的。

我们首先要确立远大的目标，然后全力去完成这个目标。要克服所有的困难，不能给自己找任何的理由。如果你找理由了，怕这怕那，那就什么事情也做不了。

如果我们为自己找理由，就会将自己的失败看成是理所当然的，从而丧失了反思和进取的机会，终生也不能取得成功。

王阳明告诫学生不要为自己的行为找任何的理由，而要排除万难，勇往直前，即使面临百难千辛，也在所不惧，不让任何因素干扰自己，不让任何事情拖累自己。

弟子问王阳明：“学习圣人之学，因为父母的缘故，难免受到科举的拖累。”

王阳明说：“因为父母的缘故，而让科举拖累学习圣人之学，那么种田赡养自己的父母，也会拖累学习圣人之学吗？**前**

代的贤人说只害怕改变志向，只怕学习圣人之学的志向不真诚恳切。”

学习圣人之学，但是担心受到科举的拖累，这就是学生的问题。学生的问题就在于为学的志向不真切，在为自己不努力学习圣人之学找理由。

为什么我们会为自己的行为找理由呢？根本原因就在于我们的志向不真诚恳切。

一个人没有了志向，什么理由都可以找。一个人没有了志向，做事怎么能成功呢？反过来说，一个人为自己做的事情找理由，说明他是一个没有志向的人。

51

王阳明说

无法控制内心，就无法从容自在

若主宰定时，与天运一般不息，虽酬酢万变，常是从容自在，所谓“天君泰然，百体从令”。

遇到事情的时候，很多人很难控制自己的内心，无法从容应对。从容镇静是处事的重要品质，也是人们立足这个社会的基本素质。一个人如果不能内心沉稳，从容镇静，那么作为医生，他就会出医疗事故；作为军人，他就打不了胜仗；作为官员，他就处置不了突发事件；作为商人，他就赚不了钱。

王阳明非常注重内心的安定，注重从容镇静。也正是因为这样，他才能应对人生当中一个又一个危难，才能平定宁王的叛乱。

欧阳崇一问王阳明：“平常观念多忙，有事固然忙，没事也忙，这是为什么？”

王阳明回答说：“天地之气的运行，本来没有一刻停止；但是有一个主宰，因此不先也不后，不急也不慢。虽然千变万化，但是主宰常常安定，人因此而得以生存。**如果主宰安定时，与天运一样不停息，虽然应对万变的情势，常常也是从容自在，这就是所说的‘内心安定，身体的各个部分都听从命令’**。如果没有主宰，便只是这个气在奔放，怎么能够不忙呢?”

王阳明的回答是：主宰安定，就能够做到从容自在，就能应对瞬息万变的情势，而这个主宰就是指我们的内心。**为什么有事没事都忙呢？是因为我们的内心不安定**，只是任我们的气在奔放。这样怎么能不忙呢?

如何才能做到从容镇静呢？关键是要做到内心安定。

而要做到内心安定，不是一朝一夕的事情。没有任何人从一生下来就能从容镇静，只有经过长期的磨炼，只有在有事和没事的时候加强自我锻炼，才能在有事的时候从容镇静。只有经过千锤百炼之后，我们才能内心安定，从容镇定，才能应付大场面，才能应对突发事件，才能面对困难和挫折。

52

王阳明说

务实之心重一分，则务名之心轻一分

名与实对，务实之心重一分，则务名之心轻一分，全是务实之心，即全无务名之心。

务实是我们做人做事的一个重要品质。

什么是务实？恐怕很难下一个定义。我的理解，务实有以下几层意思。

一是从实际出发，实事求是。我们的想法和行动都要符合实际，不能好高骛远。比如制定目标，不能太过宏大以致不能实现，我们的措施要有效，而不是华而不实。

二是要实践。一个人如果只会说，却不会做，我们能说他务实吗？一个理论，一个想法再好，但却不付诸实践，那又有什么用呢？

三是从心态上来讲，不能务虚，不能求名。为什么这么说呢？人的时间和精力是有限的，如果大部分时间花在虚的事情上，花在求名上，我们还有什么时间去务实呢？

王阳明提倡知行合一，这其实也要求我们务实。只知不行，或者只行不知，都不是务实。从这个意义上来讲，务实就是用正确的方法做正确的事，不仅要求实体正确，也要求程序正确；

不仅要求结果正确，也要求过程正确。

王阳明说：“**做学问的大毛病在于追求虚名。**”

薛侃说：“从前年自认为这个毛病已经很轻了，近年来仔细明察，才知道全然没有，何必去心外追求做人做事的道理。只是听到赞誉就开心，听到批评就闷闷不乐，这就是追求虚名这个毛病发出来的吗？”

王阳明说：“很对。**名与实是对立的，务实之心加重一分，则务名之心就减轻了一分，全部是务实之心，就全然没有务名之心。**如果务实之心就好像饿了想吃东西、渴了想喝水一样，那有什么工夫去追求虚名？”

王阳明与弟子的这段对话中，最重要的一个观点就是务实与务名是对立的，二者此消彼长。务实之心重一分，务名之心就轻一分，务名之心重一分，务实之心就轻一分。

其实和务实对应的还有务虚，只是王阳明在这段对话中并没有直接谈到，但是为什么会产生务虚呢，归根到底还是和务名有关系。因为虚并不会带来好处，而名会带来好处，务虚的实质是务名。比如编造数据、政绩工程，这些都不是务实，都是务虚，都是务名。

53 王阳明说

优秀与否，在于自己的选择

不是不可移，只是不肯移。

如何让自己变成一个优秀的人？这应该是很多人都会问自己的问题。确实，我们的目标是很明确的，但是如何有效地达到目标，这就是关键。可以说，不同的人、不同的条件，达到目标的方式方法就不太一样。

就像王阳明探讨提升个人修养，只关注内心，不给出很具体的方法一样，我们在这里也只探讨一下内心的问题。一个人是否能变得优秀，首先要看他的内心是否有所变化。

王阳明对这个问题看得很清楚。弟子问他："最聪明的人和最笨的人，为什么不可以改变？"

王阳明回答说：**"不是不可以改变，只是他们不肯改变。"**

这个世界上，没有什么是注定的。**改变，就能发现一个新的世界**。作为个人，我们如何才能成为一个优秀的人呢？王阳明已经给出了答案：我们的内心要想成为一个优秀的人。

按照王阳明知行合一的观点，当我们内心想变成一个优秀的人的时候，其实包含了知和行两层意思：知就是我们的内心要有变成一个优秀的人的想法，行就是我们在行动上要为变成一个优秀的人认认真真、扎扎实实去努力，脚踏实地地去干事，总之，为了目标，用尽全力。用中国的一句话来说就是“尽人事，听天命”。

其实看一个人是否想变成一个优秀的人，不仅要看他心里怎么想、嘴里怎么说，最关键的是要看他怎么做。

但是在现实中，很多的人连“改变”的想法都没有了。他们或甘于平凡的岗位，或失去了努力的动力，或褪去了拼搏的激情，最后失去了改变的念头。当机会来临，他们只能望而兴叹。

54 王阳明说

懂得白天和黑夜，就知道生与死了

知昼夜，即知死生。

诗人臧克家在纪念鲁迅的诗中写道：有的人活着，他已经死了；有的人死了，他还活着。这里的活着和死了，有两种意思，一种是自然生理上的，一种是精神状态上的。

人们活在这个世界上，并不都是真的“活着”。有的人浑浑噩噩，无所事事，没有责任感，醉生梦死，贪图享乐。这样的人活着，其实跟死了没有什么两样。

我们活着，就要多问问自己：我们的头脑是否清醒？我们的行为是否无愧于天地？我们是否足够努力？我们是否在浪费自己的生命？

活着，懂得很好地活着，是我们每个人都会遇到的问题。

王阳明的弟子萧惠问死生之道。

王阳明说：“**知道白天和黑夜，就知道死和生了。**”

萧惠又问白天黑夜之道。

王阳明说：“知道白天就知道黑夜。”

萧惠问：“白天也有所不能知吗？”

王阳明说：“你能够知道白天。糊里糊涂去做事情，不讲礼义去吃，**做事情不知道为什么要做，习惯了而不知道为什么会这样，整天糊里糊涂，如此白天就如同生活在梦中一样**。只有每一刻都培养善性，保存本心，此心清清楚楚明明白白，天理没有一刻间断，才是能够知道白天。这就是天德，就是通晓白天黑夜之道而知，还有什么死和生？”

王阳明与弟子的这段对话讨论的生死问题，其实就是如何活着的问题。

怎么认识活着呢？知道白天黑夜就能够知道活着了。为什么这么说呢？我们的一生，我们的活着就是由白天黑夜构成的，且主要是由白天构成的。你在白天是一种什么状态，就决定你是否是活着了。如果在白天我们糊里糊涂，懵懵懂懂，没心没肺，愚笨无知，行尸走肉，那么我们和死了有什么区别呢？所以王阳明说，知昼夜就知死生。

55 王阳明说

学会在自己的不足之处下工夫

盖颜子是个克己向里、德上用心的人，孔子恐其外面末节或有疏略，故就他不足处帮补说。

有一个很著名的理论叫木桶理论。这个理论是这样的：盛水的木桶是由很多木板箍成的，盛水量是由这些木板共同决定的。如果其中一块木板很短，则木桶的盛水量就被短板限制。

就个人而言，我们每个人都有优点和缺点。有的时候，我们成功是因为我们的优点，我们失败是因为我们的缺点。甚至，有的缺点将决定我们的一生，让我们任何的优点都相形见绌。与其说一个人的优点决定了他的一生，还不如说缺点决定了他的一生。

所以，我们要做的事情很简单，就是找出自己的缺点或不足之处，然后下足工夫，改正它。

黄诚甫问王阳明："前代的儒者认为孔子告诉颜子为邦之问，是建立了万代长久实行的道理。怎么样?"

王阳明说："颜子是小圣人，他于为邦的大本大原都已经完全具备。夫子平日了解他很深，到此都不必说，只从制度文为上来说，这些地方也不可以忽略，必须要这样才能尽善。又不可以因为自己本领恰当了，就在防范上疏阔，必须要抛弃郑国音乐，远离奸佞小人。**因为颜子是一个从内心克制自己、在个人品行上用心的人，孔子担心他外在的细小枝节可能有疏忽省略，因此从他不足的地方帮助弥补着说。**如果是别人，必须告诉他为政在人，修身以道，修道以仁，达道九经以及诚身很多功夫，才能做得，这个才是万代长久实行的道理。不然，只是实行了夏朝历法，乘了商朝交通工具，穿戴周朝衣冠，演奏韶舞，天下就可以治理得好？后人只是看到颜子是孔门的第一人，又问了个‘为邦’，便把它做了天大的事情来看了。”

王阳明指出，面对颜子的提问，孔子告诉颜子要做的事情都是颜子不擅长的事情，也就是他的不足之处，而对于颜子本身已经做得很好的事情孔子就不再说了。这里我们看到了孔子在真真正正地因材施教，重视个性化，因此他对颜子所说的话仅仅只针对颜子，对其他人并不适用，因此也不可能成为万世遵循的法则。

这段话也告诉我们，我们**每个人的不足之处，都是个性化的**；我们的缺点和别人的缺点并不一致，改进缺点的方法也可能不一样。因此，我们要针对自己的不足之处，下足苦工夫，坚决地将之改正。

56

王阳明说

发愤忘食，乐以忘忧

"发愤忘食"，是圣人之志如此，真无有已时；"乐以忘忧"，是圣人之道如此，真无有戚时。

人生有很多种状态，有积极或消极的状态，也有志得意满或失魂落魄的状态，但每个人都应该拥有以下两种状态。这两种状态一种与行动有关，另一种与心态有关，而这两种状态可以说**构成了我们的人生**。

第一种状态用两个字来概括就是发愤。在这个方面，有很多的典型值得我们学习。比如牛顿，为了研究经常忘记吃饭，正是这种专注的发愤精神，使他成为世界上最伟大的科学家之一。可以说**发愤是我们生活上安身立名的根本**。

第二种状态用一个字来概括就是乐。这个乐有乐观的意思，也有快乐的意思。人生短促，我们不赞成及时行乐，但精神上要快乐，这是一种积极的人生态度。**乐可以说是我们精神上安身立命的根本**。

发愤要到什么程度呢？王阳明认为要发愤忘食。发愤到忘记吃饭，一个人发愤到这样的程度，离成功恐怕也不远了。现实中，发愤到这个程度的人，恐怕不多。历史上有作为的人，不管是科学家、政治家，还是其他领域取得伟大成就的人，很多人都是发愤忘食。

乐要到什么程度呢？王阳明认为要乐以忘忧。什么是乐？其实忘记忧愁就是乐了。为什么乐对人来说这么重要呢？因为忧愁会让我们形销骨立，让我们萎靡不振。

王阳明说：“**‘发愤忘食’是圣人之志这样，真没有停止的时候；‘乐以忘忧’是圣人之道这样，真没有悲伤的时候。**恐怕不需要说有没有所得。”

发愤忘食，乐以忘忧，应当成为我们安身立命的座右铭。

57 王阳明说

别让不良的念头潜伏在胸中

我今说个“知行合一”，正要人晓得一念发动处，便即是行了。

有时，我们的心里可能想要干一件坏事，但只是想想，并不是真的敢去干，也就没有付诸实践。尽管这种想法并没有造成什么危害，但若长此以往，一定会出大问题的。而且这种情况，也经常被人们所忽视。就因为这种想法没有付诸实践，所以很多人都不在乎思想中这种坏的恶的东西。

为什么会出现这种情况呢？是因为人们将知和行分做两件事情了。人们认为人的思想是知，不是行，既然不是行，那也就不用去在乎甚至禁止这种思想了。

针对这种情况，王阳明提出了新的观点，他认为心动就是行。什么意思呢？就是说一个人的意念产生，就是行了，而不是一定要具体去做某事才叫行。

我们平时理解的行的概念太狭义了，以为我们去干一件实实在在的事情才叫行。其实一个人的内心有不良的想法，马上将这种想法去掉，并告诫自己以后不要再有这种想法了，这也是一种行。而既然去掉一种想法是行，那么产生一种想法也应该叫做行。

王阳明说知是行之始，简单说知就是行。心动就是知，所以心动就是行。既然心动就是行，行会产生后果，所以一旦有不良之心动，就要立即将它去掉。

弟子问王阳明知行合一的问题。

王阳明说："这个必须知道我立论的宗旨。现在人的学问，只因为将知和行分做两件，因此有一个念头发动，即使是不善，但却还没有行动，就不去禁止它。**现在我说一个知行合一，正是要让人知道一个念头发动，就是行了。**发动的念头如果有不善，就将这个不善的念头去掉，必须要彻根彻底，不让那一念不善潜伏在胸中。这就是我立论的宗旨。"

王阳明的立论宗旨就是，有一个念头发动就是行了。**这个行若有不善，就要将这个不善彻根彻底地去掉**。换句话说，就是知和行是一件事情，不管知也好，行也好，只要有不善，就要立即将之去掉。

58 王阳明说

太拘谨和太直率都要不得

人只有许多精神，若专在容貌上用功，则于中心照管不及者多矣。

做人不能太拘谨，也不能太直率。

拘谨的人给人的感觉是不大气，如果一直保持一种拘谨的状态，与人打交道就会遇到障碍。这样的人专心去搞研究还可以，但如果搞管理或者其他与人际有关系的工作恐怕就很难。

拘谨并不是一种好的状态，正常的状态应该不是不卑不亢，坦坦荡荡。拘谨归根结底还是心理的问题。很多人有一种患得患失的心理，而且喜欢向内思考，通常内心想自己很多，而想别人较少。有的人则不敢和别人交流，有的人则很自卑，等等。

直率的人则大多管不住自己的言行，通常该说的说，不该说的也说，给人感觉是胸无城府。这样的人因为思考较少，常凭感情用事，所以有的时候难免误事。

所以拘谨的人和直率的人都要想方设法改变自己。虽然这样很难，但必须要积极去做，没有行动，就没有改变。

王阳明对拘谨和直率都有所批判。

一群学生坐在王阳明身边，其中有的人行动举止非常拘谨。

王阳明说："人如果太过于拘谨，最终还是有害处的。"

学生问："太过于拘谨，怎么是有害的呢?"

王阳明说："**人只有有限的精神，如果专门在容貌上用功，那么对于内心照管不到的地方就多了。**"

对太直率的人，王阳明说："现在讲这门学问，但在外面全然不加以检点约束，又分心与事为二了。"

王阳明认为一个人太过拘谨是有害的，因为这样的人只注重外在的东西，比如自己的容貌、身高、穿着，等等。这样的人，因为他**太注重自己的样子，所以对那些重要的事情所花费的精力就很少**，对自己的内心照管不到的地方就多了。这将阻碍他们将事情做好，这就是拘谨的害处。

王阳明还认为，若一个人学了自己的学说，但还是很直率，那就是没学好。直率的人，对于自己的言行全然不加以检点约束，不能做到言行符合礼仪，在生活中就很容易碰壁，并且会在不经意间得罪别人，使人际关系可能恶化。比如一个人因为太直率，说话不分场合，没大没小，不仅自己的威望无法树立，而且也会引起别人的轻视。

59 王阳明说

力而不巧，只是徒力

> 三子固有力亦有巧，巧、力实非两事，巧亦只在用力处，力而不巧，亦是徒力。

巧力二字，力就是指一种资质和能力，巧是指目标达成，事情做成。简而言之，你有能力做一件事情，并且你也成功做成了这件事情，这就是巧力。

巧力其实就是一种结果导向。我们是否巧力，关键是看是否达到目标。

比如你做一件事情，做了很长时间，结果却不成功，那么你所做的努力就徒劳的。再比如你学富五车、才高八斗，但你却没有充分发挥自己的才能，那么你的才能就白白浪费了，结果你也不能取得应有的成绩。

弟子问："孟子'巧力圣智'之说，朱子说：'三人力有余，而巧不足。'怎么样?"

王阳明说：**"三人固然有力，也有巧，巧和力实际上并非两事，巧也只在用力处，力而不巧，也是徒力。**三人就好像射箭：一人能站着射箭；一人能在马上射箭；一人能远距离射箭。他们能够射得到，都称之为力，射中目标都可称之为巧。但是站着射箭的不能马上射箭，马上射箭的不能远距离射箭，各有所长，便是才力分限有不同之处。孔子则三者都擅长。但孔子的和，只到柳下惠才到极致；清，只有到伯夷才到极致；任，只有到伊尹才到极致。什么时候增加得一些？如果说三人力有余而巧不足，那么他们的力反而超过孔子了。巧力只是说明聪明睿智之义，如果知道聪明睿智的本体是什么，就自然明白了。”

王阳明与弟子的这段对话主要解释了巧和力的关系：即巧和力是同一件事情，巧也在用力处，力而不巧，只是徒力。巧力是来说明聪明睿智的。**聪明睿智，其实就是能把要做的事情做成**，用王阳明举的例子来说，就是能射中目标。

巧力，巧我们可以称之为目标，力我们也可以称之为努力。巧力就是通过努力达到目标，这是亘古不变的道理。

60 王阳明说

做人就要对自己狠一点

诸公在此，务要立个必为圣人之心，时时刻刻须是一棒一条痕，一掴一掌血，方能听吾说话，句句得力。

有一句话广告语叫做：男人就要对自己狠一点。而实际上，每个人要做出一点事情来，就非对自己狠一点不可。

孟子曾经说过：天将降大任于斯人也，必先苦其心志，劳其筋骨，饿其体肤，空乏其身，行弗乱其所为，所以动心忍性，增益其所不能。

从来没有一个人生下来就能处理复杂的事情，只有经历的事情多了，经过各种折磨和锻炼，遇到事情才能处理得好。而那些顺风顺水的人，平时安逸惯了，一旦遇到突发的事情，就处理不了了。

所以，如果我们要避免失败，就要对自己狠一点。**只有对自己狠，才能扎扎实实地做事情**，不轻浮，不轻率，一步一个脚印。而这样走下去，最后一定能够达到成功的彼岸。

如果不对自己狠一点，而是得过且过，做一天和尚撞一天钟，做事随便，马虎，为人懒散，不注意细节，那么成功就会离我们很远。

王阳明对学生说：“**你们在这里，一定要树立一个必为圣人的心，时时刻刻必须是一棒子留下一条伤痕，掴一嘴巴一掌血，才能听我说话，句句得力**。如果茫茫荡荡去过日子，就好像一对死肉，打了也不知道疼痛，恐怕最终也做不成事，回到家之后只能得到以前的那些伎俩，岂不是很可惜？”

王阳明对学生说的这段话，主要是告诉学生树立一定要成为圣人的心，并且要时时刻刻落到实处，否则就做不成事情。一棒子打在身上要留下伤痕，一巴掌打在脸上要满巴掌都是血。什么意思呢？就是扎扎实实落在实处，要有效果。

同样，我们做任何的事情，也都要落到实处，而且**要有一股狠劲，做到打必留痕，掴必流血**。这样才是真做事，不是敷衍度日。

61

王阳明说

永不放弃是人生的凭恃

汝且去着实用功，便多这些着想也不凡，久久自会妥帖；若才下得些功，便说效应，何足为恃？

人的一生应该如何度过？应该如何安身立命？许多人都会自觉不自觉地考虑这个问题。

有人说，掌握一门技术就能安身立命；有人说拥有很多钱就能安身立命；也有人说出名就能安身立命；还有的人说从政就能安身立命。其实这些人说的都没有错。

所谓安身立命，必须要通过自己的努力来维持自己和家人的生活，并且身心上处于一种平静的状态。我们之所以安身立命的东西，就是我们的凭恃，如技术、金钱、地位这些也都是我们的凭恃。

不过人生的凭恃并不仅仅局限于此，**人生最重要的凭恃是长期的努力和功夫**。这样一种精神状态，这样一种斗志，这样一种永不放弃的精神以及拼命努力，正是人生的凭恃。技术、财富、名誉、地位，等等，也只是努力的结果，而且有朝一日也会失去，只有努力奋斗，才会重新得到。如果人生是一出戏，那么主题应该就是励志。

黄以方问王阳明："近来，虚妄的意念觉察到的少了，也觉察到不曾想过一定要如何用功，不知道这个是否是功夫？"

王阳明说："**你且去扎扎实实用功，即使这些想法很多也没有关系，时间久了自然会稳当；如果才下了工夫，就去说效验，怎么可以作为凭恃呢？**"

王阳明认为做功夫就要扎扎实实去做，即使出现不好的念头，也要扎扎实实去做，时间长了，念头就会消失。这样才足以作为我们人生的凭恃，而一开始就要成功，不仅不可能，而且我们的人生也将没有凭恃。

比如失败的时候，刚开始很悲伤，很痛苦，但只要下定决心努力，并且已经付诸行动，时间一长，悲伤也就没了。但若我们不用功，不行动，不努力，那么悲伤将永远伴随我们。

62

王阳明说

写在纸上不如印在心里

国裳读书，中过状元来，岂诚不知身之所以当养，还须诵此以求警？

生活中，经常有人喜欢将人生格言或是处世准则写下来，有的压在办公桌的玻璃板下，有的悬挂在办公室的墙上，或是“淡泊明志，宁静致远”，或是“和气生财”，等等，不一而足。我很好奇那些悬挂书法的人，有几个人能按照上面所写的去做。

事实上，喜欢展示自己的人生格言什么的本身并没有错，错的是将它们当做一种摆设。更有甚者，有些人的所作所为和自己标榜的人生格言完全相反，简直是虚伪的典型和代表。

其实，自己若不是从心底想改变，无论写下什么样的话，其实都没有用。除非改变的需求已经深深地印入了骨髓，就像影子一样如影相随。而在这种情况下，你根本不需要写下什么话或者什么观点，因为已经不需要了。

曹操有句话叫“宁教我负天下人，不教天下人负我”。我想，曹操是不需要写下这句话的，因为这种观念已经变成了曹操人格的一部分。

邹谦之曾经对钱德洪说：“舒国裳曾经拿着一张纸，请老师

（王阳明）写‘拱把之桐梓’一章。老师提笔书写，写到‘至于身而不知所以养者’，回头笑着说：**‘国裳读书曾经做过状元，难道真的不知道身之所以当养？还需要诵读这些话来警醒自己吗?’**一下子侍奉在老师身边的同学都有所警觉醒悟。”

这段话是王阳明的弟子邹谦之向钱德洪讲述老师王阳明的一件小事。王阳明实际是在批评舒国裳，认为舒国裳作为一个状元，应该知道身之所以当养，却还要写下来警醒自己，说明他不够用功。

当一个人真正要做一件事情时，这件事情就已经深深印刻在他的骨血里，也就不需要书写下来警醒自己了。书写下来，只能说明决心还够，还在左右摇摆，说不定过了几天，就全然忘记了前几天要决定做的事情。

第三章 致良知

王阳明说："良知者，心之本体。"良知人人都有，时时都存在。但由于人的内心被私欲遮蔽了，所以就看不到良知了。所以人生的一件大事，就是要致良知。但怎么致良知呢？致良知就要格物。所谓格物就是在事事物物上去人欲、存天理。王阳明在晚年曾将自己一生的学说归纳为四句话，也就是所说的"四句之教"：无善无恶是心之体，有善有恶是意之动，知善知恶是良知，为善去恶是格物。

63 王阳明说

实实在在做事，才能稳当快乐

尔那一点良知，是尔自家底准则。尔意念着处，他是便知是，非便知非，更瞒他一些不得。尔只要不欺他，实实落落依着他做去，善便存，恶便去。他这里何等稳当快乐！

无论外面的世界怎么变化，关键是我们的心要保持平静。对于变幻莫测的世界，如果我们的内心也波澜起伏，那么我们恐怕什么事情也做不了，更不要说成功了。所以，维持内心的稳定是非常重要的，按照王阳明的话来说，就是要做到稳当快乐。还有一句话，人们说得比较多，叫做“不做亏心事，不怕鬼敲门”。不怕鬼敲门说的就是一种稳当的心理状态。

其实**一个人为什么会稳当快乐，无非就是事情都做对了，**问心无愧了，没有什么可后悔的。但如何才能做到问心无愧呢？按照王阳明的话来说，就是要致良知。

所谓致良知，包含两层意思：一是知道良知是什么；二是不折不扣地按照良知去做事情。

简单来说，就是致良知就能稳当快乐。

正德庚辰年（1520 年），陈九川前往虔州（赣州），见到了王阳明，问道：“近来功夫虽然好像稍微知道一些头脑，但是难以寻找到一个稳当快乐的地方。”

王阳明说：“你没到心上去寻求一个天理，这正是所谓的理障。这个中间有个诀窍。”

陈九川说：“请问这个诀窍是什么？”

王阳明说：“只是致知。”

陈九川说：“怎么致？”

王阳明说：“**你那一点良知，是你自家的准则。你的意念所在之处，它是对的就知道对，错的就知道错，更隐瞒不了它。你只是不要欺骗他，实实在在依着它去做，善的就保存，恶的就去掉，它这里多么稳当快乐**。这就是格物的真正要诀，致知的实在功夫。如果不依靠这些秘诀，怎么去格物呢？我也是近年来才体会出如此分明，刚开始的时候还有些怀疑，只依循它，恐怕有不足之处。但仔细看，没有一点欠缺。”

王阳明与陈九川这段对话的重点是致良知就能稳当快乐，同时也指出了真正的格物致知就是实实在在依着良知去做，存善去恶。这是王阳明自己体验出来的。

64 王阳明说
致良知是人生点金术

人若知这良知诀窍，随他多少邪思枉念，这里一觉，都自消融。真个是灵丹一粒，点铁成金。

这个世界上，大部分人都是平凡人，人与人的能力差别并不大，关键其实在于内心。别的人能做的事情，其实你也能做的。只是做事非常认真的人屡屡把事情办成了，而你却因马马虎虎，经常被批评，

这是为什么呢？关键还是内心问题。**什么是成功？其实很简单，就是不断地努力，不断地重复**。要成为一个著名的钢琴演奏家，唯一的办法就是不断地练习，不断地弹奏。

就好像别的人会打领带，而你不会，这是什么原因呢？是你的心态有问题，你不主动去学习，去试验，还有你的精神状态浮躁。等过了一段时间之后，你突然静下心来，开始学习打领带，结果一下子就学会了 10 种打领带的方法。为什么人还是那个人，现在却变得异常聪明？因为你找到了人生的点金术。

良知时时刻刻都是存在的，所以致良知，也是时时刻刻的，大到处理国家大事，小到打带都要致良知。

在一件件小事上致良知，最后积累起来也是很大的成就。

因为人生是环环相扣的。今天一小步，明天一大步，人生常有意想不到的事，但今天的果必是因为昨天的因。

而良知，能告诉我们什么是对的，什么错的，并且保持对的，改正错的，这样人生就会按照完美的轨迹发展下去，而结果必定是美好的。

王阳明说："**人如果不知道这良知的诀窍，随便它多少邪思妄念，这个理一觉察，都自然消失融化，真的是灵丹一粒，点铁成金。**"

王阳明通过这段话告诉我们，良知是帮助我们点铁成金的灵丹，致良知就是人生点金术。

65 王阳明说

工夫做久了，自然就可战胜心魔

须是勇。用功久，自有勇。故曰：“是集义所生者。”胜得容易，便是大贤。

许多人容易被心魔控制，无法自拔。一个自卑的人，自卑是他一生的心魔。一个马虎的人，马虎是他一生的心魔。一个贪图享乐的人，贪图享乐是他一生的心魔。

人生就是作战，不仅和他人作战，也和自己作战，而和自己作战，就是战胜自己的心魔。**要么战胜心魔，要么被心魔战胜，没有平手，只有胜负。**

陈九川问王阳明：“自行省察思虑，有时涉及邪妄，有时事先料理天下之事，思虑到极致，井井有味，纠缠萦绕，难以去掉。觉察得早就容易去掉，觉察得晚就难以去掉。用力克治，更加觉得抵触。只有稍微将念虑转移到其他事情上，则两个事情都会忘记。这样廓清，也似乎没有什么害处。”

王阳明说：“何须这样。只要在良知上下工夫。”

陈九川说：“正是那一时不知道。”

王阳明说：“我这里自有功夫，何必要那样做？只因为你的功夫断了，就蒙蔽了你的良知。既然断了，就继续旧有的功夫就可以了，何必要这样。”

陈九川说：“真是难熬，虽然知道要在良知上下工夫，但还是不能消除那些念头。”

王阳明说：**“必须是勇。用功时间长了，自然就有勇。因此说是积善所生，胜利就比较容易，就是大贤。”**

王阳明与弟子陈九川的这段对话阐述的主题是如何战神心魔。

陈九川战胜心魔的方法是焦点转移法。比如你一直在想着一个人，想得都要发疯了，怎么办呢？这时，你可以找一部电视剧来看，或者约几个朋友去打一场篮球，这样就可以不想着那个人了。

王阳明则认为要战胜心魔，只要在良知上下工夫就可以了，根本不需要什么转移法。不过实践起来可没那么容易。要战胜心魔就要有勇气，要勇敢，要快刀斩乱麻，慧剑斩情丝。勇敢和勇气从何而来呢？就是要长久地用功，长久地致良知。工夫做久了，自然就轻易战胜心魔了。

66 王阳明说

格物致知须从日常小事做起

簿书讼狱之间，无非实学，若离了事物为学，却是着空。

我们学习王阳明，就要学习格物致知。但许多人会说自己很忙，根本没有时间去格物致知。

其实，我们学习格物致知，下工夫必须要有下手之处，要有落实之处，而我们所面对或处理的事情就是我们的落实之处。我们每天所做的繁琐的工作，我们遇到或处理的每一件小事，这些都是我们下工夫的地方。如果一个人在自己每天的工作上都不能格物致知，那他还能到哪里去格物致知？他所谓的格物致知又是什么呢？

王阳明手下有一位官员，因为长期听王阳明讲授，说道："这个学说很好，只是簿书讼狱复杂困难，没有办法学习。"

王阳明听了，说："我什么时候教你离开簿书讼狱，凭空去研习？你既有官司之事，就从官司的事上去研习，才是真正的格物。比如审问一个案子，不可以因为当事人应对没有礼貌，起了一个怒心；不可以因为他言语圆转，生一个喜心；不可以厌恶他托人办事，特意惩罚他；不可以因为他请求，迁就听从他；不可以因为自己事务繁杂，随随便便敷衍了事；不可以因为旁人诋毁诬陷，就按照别人的意思处置。这许多意思都是私心，只有你自己知道，必须仔细省察克治，唯恐此心有一毫偏倚，杜绝人的是非，这就是格物致知。**簿书讼狱之间，无非是实学，如果离开事物，为学就是落了空。**”

王阳明对手下官员说的这段话非常经典。他告诉我们，人们不是没有工夫格物致知，而是不愿意。我们**每天的日常生活、每天的工作，就是我们格物致知的最佳战场**，舍此而谁？

从小事做起，从手中的事做起，这才是真格物，真致知。从我们日常工作以及细微之处的格物致知，提升我们自身的能力，锻造我们的内心，这样不论遇到什么事情，不论遇到多大的困难，我们都能从容应付，一步步接近成功。

67

王阳明说

为学处事，在精不在多

后世学者博闻多识，留滞胸中，皆伤食之病。

中国有句话叫贪多嚼不烂。这意思就是你追求得越多，效果越不好。

王阳明则告诉我们在精不在多。王阳明的很多观点都体现了这一点，比如精一学说，比如致良知学说。

有时我们会遇到这样的人，他们博闻多识，似乎什么东西都懂，但却没有自己的思想和见解，所做的不过是拾人牙慧罢了。这样的多，实在是毫无益处。

同样，在做事情上，有的人这个事情也干，那个事情也做，但每样事情都做不久，最终一事无成。所以无论为学还是做事，在精而不在多。

有一次，于中、国裳等人一同陪王阳明吃饭。王阳明说："凡是饮食，只是要养育我们的身体，吃了就要消化。如果只是积蓄在肚子里，就成痞了，怎么能长成肌肤？**后世的学者博闻多识，留滞在胸中，都是伤食的毛病。**"

王阳明以吃饭比喻为学，真是精当。吃饭和为学一样，重在消化。如果没有消化，吃再多，学再多，又有什么用呢？反而还会因吃得太多、学得太多，出现问题。

有的人可能会说，只有精，但没博，恐怕也没不行。我并不是反对博，但前提是必须精。没有精，何谈博。事实上，这个世界上能做到博的人并不多，即使那些所谓博的人，真正能有所精的又有几人？

其实，**这个世界比较的向来都是精，而不是博**。换句话说，就是重质量而不是重数量。

68 王阳明说

善和恶只是同一心性的两种状态

至善者，心之本体。本体上才过当些子，便是恶了。

善和恶明明是两物，为什么说是一物呢？在理解善恶只是一物前，我先举一个例子。

一个天平，两端各放一个鸡蛋，这个时候天平是平衡的，然后我们在其中一端再放一个鸡蛋，天平就倾斜了。无论天平是平衡的，还是倾斜的，天平始终是天平，它并没有消失，也没有变成其他的东西。我们也不能说平衡时的天平是一个天平，倾斜时的天平是另外一个天平，自始至终只有一个天平，而没有两个天平。

上面的这个例子，也可以说明善恶的问题。无论善还是恶，都是人性所产生的；无论善还是恶，只是人性所表现出来的不同状态，就好像天平一样。**人性本来是善的，超过了这个人性或者达不到这个人性，就变成恶了**。

弟子问王阳明："老师曾经说：'善恶只是一物。'善恶是两端，就好像冰和碳性质是相反的，为什么说只是一物？"

王阳明说："**至善是内心的本来面目。内心的本来面目上才**

超过一些，就是恶了。不是有一个善，又有一个恶来相对。因此善恶只是一物。”

直到听了王阳明的学说，才明白了程子所说的“善固性也，恶亦不可不谓之性”。

王阳明又说：“善恶都是天理。称之为恶的本来并非恶，但在本性上在过和不及之间。”

王阳明认为是至善是内心的本来面目，而在内心的本来面目上超过一些，就是恶了，并不是另外还有一个恶与此相对。善和恶都是天理，所谓恶，就是达不到内心的本来面目或超过内心的本来面目。

善恶只是一物告诉我们如何去明辨善恶。一旦我们知道了善恶，要做的就是为善去恶。去恶，就是让我们达到内心的本来面目，消除过和不及。

69

王阳明说

动静合一即是平常心

动静只是一个。

中国有一句话叫“以不变应万变”，意思是用不变的方法应对千变万化、纷繁复杂的事情。换句话说，有很多不同的事情，但处理方法却是一样的。这一点在王阳明的学说中体现得很明显，王阳明有个概念叫一贯，意思就是一个天理贯穿于万事万物。不管有事的时候，还是无事的时候，天理都贯穿于其中。有事时候的这个天理，也就是无事时候的这个天理。

这个天理是不曾中断的，所以就无所谓动静。动（有事）的时候，内心要去人欲、存天理，静（无事）的时候，内心也要去人欲、存天理；动的时候要有静的时候的心态，静的时候要有动的时候的心态。这样，动的时候才不会忙乱；静的时候才不会无所事事，归于寂灭。

我们**不能因为事务繁忙就乱了阵脚**，就胡乱做事，做错事，也**不能因为无事就什么也不做**。要时时刻刻保持戒慎恐惧，不可让自己有一丝的私欲，要保存天理。

对我们来说，无所谓动静，动静也只是一件事，我们怎么应对动，就怎么应对静，怎么应对静，就怎么应对动。能做到这样的人就能保持内心的安定，泰山崩于前而色不变，安静时也不会杞人忧天，自寻烦恼。一个内心安定的人，你不会看到他繁忙或者不忙，一切都按照一定的规则有条不紊地进行。

弟子问王阳明："儒者到三更时分，将胸中的思虑清扫干净，空空静静，与佛家的静是一样的，这两者都不采用，这时分别在哪里呢？"

王阳明说："**动静只是一个**。那三更时分空空静静的，只是存天理，就是如今应事接物的心。如今应事接物的心，也是循着这个天理，就是那三更时分空空静静的心。因此动静只是一个，分别不得。"

王阳明与弟子的这段对话提出了动静合一。什么是动静合一呢？简单来说，三更时分空空静静的心就是平时应事接物的心，反之亦然。而这个心都是存天理、循天理。

动静，所遇之时也；合一，归于天理也。

70 王阳明说

心中无恶便是善

> 若恶念既去，又要存个善念，
> 即是日光之中添燃一灯。

什么是善？有的人认为去帮助别人，去做好事，像雷锋那样，就是善。确实，这样的行为不能不称之为善，但是如果我们将善的定义仅仅限定在主动去帮助别人，去做好事，那么我们就不能否认一个事实：大部分人都是不善的。如此看来，这样定义善是有问题的。

其实，**不用刻意行善，不做恶即是为善了**。比如不去干坏事，也不逃避责任。什么是恶？应该有两种：积极的恶和消极的恶。所谓积极的恶，就是主动去干坏事；消极的恶就是逃避责任，比如你在马路上见到一个老人摔倒却不去扶，公交车上看见孕妇上车却不让座，不孝顺父母，渎职，等等。只要我们去掉积极的恶和消极的恶，就是善。这样来定义善，大部分人都能做到。

王阳明的弟子黄勉叔问："内心没有恶念时，此心空空荡荡的，不知道是否也要存个善念？"

王阳明说："既然去掉了恶念，就是善念了，就是恢复了内心的本来面目了。就好像日光被乌云遮蔽，待乌云散去，日光就重现了。**如果恶念已经去掉了，又要存个善念，就是在日光之中点燃一盏灯。”**

主动去帮别人，主动去做好事，如果是真心实意，本身很好，并无不可。但如果只是做做样子，内心并非这样想，或者有其他的目的，这就非但不是一种善，反而是一种恶了。我们要做的是言行如一，表里如一。

一个人如果心里想着要做一个好人，那么这个人就有可能有追求名声的倾向；但他如果心里想着的是自己不能做一个坏人，那么他的出发点就在于修己正身了。

71

王阳明说

无得失心便心无所累

志立得时，良知千事万为只是一事，
读书作文安能累人？人自累于得失耳！

所谓心无所累，就是在做一件事情时，就算你心中很不愿去做，若它是一件应该做的事情，那么你就去做，不要去想得太多。比如，让你去扫地的时候，如果你没有重要的事情，那就去扫，什么都不要想。你去面试的时候，就好好准备去面试，别人怎么看你？你究竟行不行？结果怎样？这些统统都不去想，只想该想的，不想不该想的。这就是不要心有累。

学生问王阳明："读书是为了调摄此心，不可或缺。但读书的时候，一种科举考试的意念袭来，不知道怎么避免这种意念？"

王阳明说："只要良知真切，虽然做科举事业，心也不会有所累；即使有累，也容易觉察，克服了就好了。并且读书的时候，知道强迫记忆的想法是不对的，就消除这种想法。有欲速的想法是不对的，就消除这种想法；有夸多斗靡的想法是不对的，就消除这种想法。这样的话，也只是终日与圣贤印证比对，是个纯粹是天理的心。任凭他读书，也只是调摄此心而已，有什么累的？"

学生说："虽蒙开导明示，奈何资质低下，实在难以免除烦累。我听说困厄和显达是命中注定的，上等智慧的人恐怕不屑于此，没有出息的人，才被名声和利益牵缠，心甘情愿于此。自己一个人辛苦，想要摒弃，又被父母所限制，怎么办呢？"

王阳明说："将此事的原因归结于父母的人很多，其实只是没有志向。**志向如果树立，千事万为只是一事。读书作文，哪里能累人呢？人只是自己被得失所累罢了。**"

王阳明接着感叹道："这学说不明白，不知道这里耽搁了多少英雄好汉？"

王阳明与弟子的这段对话主要围绕科举考试和读书作文而展开。学生的问题在于想要读书但是无法忘记科学考试；想要放弃科举考试，但父母又不同意。究竟应该怎么办？

王阳明认为，读书作文和科举考试并不是水火不容的，读书作文也可以科举考试，科举考试也可以读书作文。这个世界上的千事万事，只是一事。**没有什么人可以牵累人的，如果有，那也是一种患得患失**。这是不应该的。

王阳明的一个学生参加科举考试，但发现题目是针对王阳明的理论的。学生很气愤，没有答题就返回了家乡。王阳明为这个学生感到惋惜，认为这个学生心有所累，完全没有必要这样做。

72

王阳明说

谈论是非者自是是非人

你今后只不要去论人之是非，凡当责辩人时，就把做一件大己私克去方可。

很少有人能够忍受批评，即使这种批评是中肯的，更何况是非议指责。有的人非议指责别人，并不是为了帮助别人，而是为了体现自己的本领，表现自己比别人强。如果你是真的要帮助一个人，那么最好的方式是在只有你和他两个人在场的情况，以一种坦诚的方式来指出他的错误。

事实上，除了必需的真诚和批评之外，所有的非议指责别人都是没有必要的，都只不过是逞口舌之快罢了。

而古语有言："见贤思齐，见不贤则内省。"看到别人做得不好的地方，就要想到自己有什么做得不好的地方。王阳明认为我们不能去非议指责别人，而要反求诸己，找自己身上的问题和缺点。**自己身上的问题和缺点都改不了，哪还有什么时间去非议指责别人呢？**

王阳明的一个弟子经常容易生气指责别人，王阳明警告他说："为学必须反回来要求自己。如果只是指责别人，只见别人的不是，就见不到自己的错处。如果能够反回来要求自己，就能够见到自己很多不完美的地方，哪有什么时间去指责别人？舜能够化解象的傲气，其关键只是不见象的不是。如果舜要纠正象的错误，就见到象的不是了。若这样，象是骄傲的人，一定不肯屈服，怎么感化得了他呢？”

学生受触动而悔改。王阳明又说：**“你今后只要不去谈论别人的是非，凡是应当责辩人的时候，你把这当做自己的一个大私欲克服掉才行。”**

当我们要去指责别人的时候，要反回来要求自己，从自己身上着手。我们若将内心的私欲去掉，就不会去指责别人了。大多数情况下指责非议别人乃是因为我们自己有私欲。

73

王阳明说

思无邪是做人做事的根本

岂特三百篇？《六经》只此一言，便可该贯，以至穷古今天下圣贤的话，“思无邪”一言，也可该贯。

一个人的思想要端正，思想不端正，就会走上邪路。**人们之所以会犯错误，原因就是思想上出了问题**。

所谓思想端正，换句话说就是思想不能邪恶。一个人如果思想是邪恶的，那么他在这个社会上将被人唾弃。

而我们要成就一番大事，思想的端正是必须的。因为人若思想邪恶了，随之，行动也就跟着邪恶了，最后岂有不被唾弃的道理？什么是思想端正呢？王阳明用一句话来概括：思无邪。

王阳明的弟子黄勉之问：“‘思无邪’这句话，怎么就尽得《诗经》三百篇之义？”

王阳明说：“**岂止三百篇，六经也只是这一句话就可以贯通，以至于穷尽古今天下圣贤的话，‘思无邪’一句话也可以贯通**。此外更有什么话说？这是一了百了的功夫。”

这段对话的主题是：思无邪即思想要端正，不要邪恶。思无邪是放之四海皆准的道理，所有古今圣贤的话都可用这句话来贯通。

思无邪是我们做人做事的根本。

74

王阳明说

放纵自己的欲望，终会为其所惑

依着人心行去，便有许多不安稳处，故曰“惟危”。

每个人都有欲望，但欲望太多或者放纵自己的欲望就很危险了。

人的欲望有很多种，有的是正当的，有的是不正当的，而且这些欲望随时都可能存在，所以不能放任欲望像野草一样疯长。比如**迷恋某样东西，就无时无刻不倾注精力在这样东西上，**放纵自己的欲望，终为其所惑。

放纵自己，就是让自己的动物本性来主宰自己，其结果就只能活得像动物一样。

王阳明说：“道心本来是无声无味的，因此称之为‘微’。**依照着人心去做事，就有许多不安稳的地方，因此称之为‘惟危’。**”

道心惟微，人心惟危。

道心因为无声无息、无影无味，所以精深精妙。人心因为充斥私欲，依照自己的私欲去做事情，就有很多不安稳的地方，因此就很危险。

75 王阳明说

看不透生死，是因为为己之心不死

> 若违了天理，便与禽兽无异，便偷生在世上百千年，也不过做了千百年的禽兽。

所谓看透生死包含两层意思：一是应当死的时候就应该死，不能委屈投降。二是该活的时候就得好好地活着，不得轻易去死。比如有的人一时挫折，就选择自杀，这是何等愚蠢的行为。

我们为什么能看透生死，是因为我们根本不去考虑生死的问题，我们只做正确的事情，只做应该做的事情，为了这些事情，我们可以不惧死亡。

人为什么可以不惧死亡呢？是因为他把正当的东西看得比生命还重要。

王阳明说："只因为世上的人都把生命看得太重要，不问应当死还是不应当死，一定要婉转委屈保全，以此把天理丢弃了。忍心伤害天理，什么事情不能做呢？**如果违反了天理，就与禽兽没有什么区别，就偷生在世上上百年上千年，也不过做了千百年的禽兽**。学者要在这些地方看得明白。比干、龙逢，只因为他们看得分明，所以能成就他们的人。"

一个人看不透生死，归根结底还是私心太重。而自己就是最大的私心。**看不透生死，是因为无法忘记自己**。

76

王阳明说

简易是最具穿透力的力量

> 但圣人教人，只怕人不简易，他说的皆是简易之规。以今人好博之心观之，却似圣人教人之心差了。

大道至简。

无论是自然科学还是人文科学，其基本理论都是简易的，容易让人理解的。**一个理论的被接受程度与该理论的简单程度是成正比的，越简单越容易被接受**。

另一方面，简易意味着直透事物的本质，一针见血，一语中的。比如在一个会议上发言，你啰啰嗦嗦，无关痛痒的内容讲了一大通，结果听的人也厌烦了。还不如来个简单的一二三点，讲完了事。说者不累，听者舒心。

简易还说明了一个问题，那就是清清楚楚、明明白白。如果事情太复杂的话，我们就看不清楚。所以能够做到简易，就说明你已经是真知了。因为只有真知才能做到简易。所以，**一个学者如果能够用普通老百姓都能听懂的话来阐述自己的理论，这样的学者才算得上真正的学者**。

沙皇彼得一世刚刚即位时，到西欧去考察学习造船技术。他到了荷兰，并在荷兰的造船厂当了一段时间的学徒，亲自学习造船技术。后来他又到了英国，在英国考察学习造船技术。他发现英国造船厂是按照规则和公式来造船的，而荷兰造船厂则是凭感觉来造的。彼得由此发出感慨，他根本没有必要将时间浪费在荷兰，而是应该直接到英国去学习造船术。英国造船比荷兰造船要简易得，而且造出的船质量更高，造船的速度更快，因为即使是普通人也可以根据这些规则和公式造出船。

简易就是一种力量，就像科学让我们认识世界和改造世界变得简易。同样在我们的生活中，简易也是一种力量。我们都按照规则做事，不要去冲破规则，没有规则就马上建立规则，那么我们的社会就要简单很多。

当前社会的乱象，一方面说明规则之缺失，另一方面也说明规则没有被很好地遵循。如此之下，社会想要简单，恐怕也不行。

王阳明对陆元静说："元静年纪轻也要解五经，志向也是比较喜欢博学。**但圣人教导人，只担心人不简易，他说的都是简易的规则。由现在的人喜欢博学的心思来看，好像是圣人教导人有差错了。**"

王阳明的这段话是批评博而不精，提倡简易。

圣人教导人的都是简易的规则。既然圣人都这样了，我们作为普通人，岂有不简易之理？

77 王阳明说

处静中不自知，乃画地为牢

良知明白，随你去静处体悟也好，随你事上磨炼也好，良知本体原是无动无静的，此便是学问头脑。

人生有张有弛，有静有动，有高潮有低潮，**完美的人生是在正确的时候做正确的事情**。该静的时候，就要静，该动的时候就要动，正如《孙子兵法》说："静如处子，动如脱兔。"有的人失败，就在于他的静，画地为牢，未敢越出一步，最后终老于户牖之下。有的人失败，就在于不停地行动，从不静下来思考，一切随意而为，最后一一碰壁，失败而归。

那么如何调整人生的钟摆呢？那就只能诉诸我们的良知。我们的良知会告诉我们何对何错。良知根植于每个人的内心，这是与生俱来的。所以良知可调整我们的行为。

王阳明在谈到静坐时说："我以前在滁州的时候，见到学生都在寻求知道和理解，说的和听的都不一样，一点心得都没有，就暂且教他们静坐，立即就看见了大概，收到了较好的近期效果。时间长了，渐渐地就喜静厌动，就变成了枯槁的毛病。或者一定要做出玄妙的解释和觉醒，诱惑人的听闻。因此，近来只说致良知。**良知如果明白，随便你静处体悟也好，事上磨炼**

也好，良知的本体原本是没有动没有静的，就是学问的关键。”

王阳明指出，静坐本来是一件好事，就是要人人不要去做口舌之辩，而是反求诸己，自我体察。但是如果一直这样做，也会出现相反的效果，那就是喜欢静止，不喜欢动。更要命的是，很多人一直处于这种静中而不自知，结果就如同被慢慢加热的水中青蛙，再也跃不出水面。

所以解决的方法，是致良知，通过致良知认识到问题的存在，然后采取行动，到达知行合一。

78 王阳明说

今日事今日毕，便无事烦扰心神

今人不会宴息，夜来不是昏睡，即是妄思魇寐。

为什么我们会失眠？为什么我们会做噩梦？原因就在于还有一些事情缠绕在我们的内心，挥之不去。日有所思，夜有所梦，说的就是这个道理。

所以，我们要不失眠，要不做噩梦，方法也很简单，就是要把白天应该做的事情都做好，都做正确，不留尾巴，不留遗憾。

今日事今日毕，同时对今后可能遇到的事情，要提前做些准备和应对。与其让事情来烦扰自己，还不如事先将事情做好，使其连烦扰自己的机会都没有。

所以，**要及时地做事，不要积留；要正确地做事，不要错误；要提前做事，不要被突发之事烦扰**。

王阳明说："夜晚的时候休息，这是造化的常理。夜里天地混沌，形状和色彩都泯灭，耳朵眼睛也看不见听不到什么东西，众窍都闭合了，这就是良知收敛凝一的时候。天地开启之后，众窍都开了，这是良知妙用发生的时候。可见人心与天地是一体的，因此上下与天地同流。**现在人不会休息，夜里不是昏睡，就是胡思乱想使自己迷糊。**”

白天有很多的事情，我们要顺着良知去做，把事情做好，而夜晚则是良知收敛凝一的时候。白天和黑夜是相互关联的，如果白天良知不能做到顺应无滞，黑夜良知也就不能做到收敛凝一，就会做噩梦，会无法入睡。而良知收敛凝一是造化的常理，如果不能做到这一点，谈何致良知呢？

79 王阳明说

端正心思就是聪明睿智

> 耳原是聪，目原是明，心思原是睿知，圣人只是一能之尔。能处正是良知，众人不能，只是个不致知。

每个人都希望自己聪明睿智，但现实中聪明睿智的人并不多。有人说聪明睿智是天生的，有人说聪明睿智只有圣人和伟人才能做到，而实际上聪明睿智原本是每个人都有的，一个人要想聪明睿智，并不是一件很难的事情。

一个平时很懒散、经常打架、经常旷课的学生，有一天突然悔悟，开始认真学习，学习成绩遂有了突飞猛进。这个曾经在同学和老师眼中很傻很笨的学生，怎么突然就变得聪明睿智了呢？因为他开始将心思放在了学习上。这个例子说明，只要你肯努力，**端正态度，你就能变得聪明睿智**。

一个人开始下工夫学习，与其说是一个学习知识的问题，还不如说是一个提升自身思想认识水平的过程。当我们学习的时候，如果思想不端正，精力不集中，即使我们一天 24 小时，一周 7 天，一年 365 天都在学习，又会有什么成就呢？

所以说，怎么做才能做到聪明睿智呢？很简单，就是要去掉私欲，正确做事。

王阳明说："只有天下的至圣才能聪明睿智。以前看的时候非常玄妙，现在看起来，原本是人人自己都有的。**耳朵原本是聪，眼睛原本是明，心思原本是睿智，圣人只是能做一件事而已。能处正就是良知，众人不能聪明睿智，只是因为不致知。**这是多么明白简易的事啊！"

王阳明的这段话分析了为什么圣人能聪明睿智而众人不能，原因就在于圣人能致良知而众人不能。所以，你要变得聪明睿智，那就先致良知吧！而致良知就是要去掉私欲。

80 王阳明说

不必在意七情牵累

七情有着，俱谓之欲，俱为良知之蔽。然才有着时，良知亦会自觉，觉即蔽去，复其体矣！

不必在意，并不是说让你不关心，不留意，而是说不要让已经发生的事情影响到你的心情，影响到你的情绪。**决定我们快乐与否的，不是事情本身，而是我们对事情的态度**。往事已经不可追，我们只有直面未来，对于已经发生的事情，你高兴或悔恨又有什么用呢？尽快发现问题，立刻行动，才是当下最紧要的事情。

不必在意，体现的是一种面向未来的气度。刘邦在和项羽争夺天下的过程中，败多胜少，还有几次命悬一线，如果刘邦对失败耿耿于怀，说不定他早就自杀了，或者早就投降项羽了。相反正是他这种屡败屡战、毫不在意的精神，让他最终夺得了天下。

学生问王阳明："良知如太阳，私欲如云彩，云彩虽然能够遮蔽太阳，也是天本来就应该有的，私欲难道也是人心所应该有的吗？"

王阳明说："喜怒哀惧爱恶欲，称之为七情。七情都是人心所应该有的，但要把良知看得明白。比如太阳光，也不可指着方向处所，一隙通明，都是太阳光所在，虽然云雾四塞，宇宙中色象可以辨别，也是太阳光不灭之处，不可以因为云彩能遮蔽太阳，就教天不要生出云彩。七情顺其自然而发，都是良知的运用，不可以区分善恶。但不可以有所执著。**七情有执著，就称之为欲，都是良知的蔽塞。但是才有执著的时候，良知也自然会警觉，警觉之后蔽塞立即去掉，恢复其本体。**这个地方能够参破，才是简易透彻的功夫。”

王阳明与弟子的这段对话说明喜怒哀惧爱恶欲等七情是人心所应该有的，这是人之常情，是不能消除的。人人都有七情，没有七情的人，等于是死人。但是对于七情，我们不能执著。比如喜悦，一旦太喜悦了，就会物极必反，变成悲剧了。比如恐惧，人人都会有的，但是太恐惧，结果被吓破了胆，会将事情办砸。

所以虽然七情人人都有，但不必在意。我恐惧，但我不在意恐惧，我能将事情做好。我悲哀，但我不在意悲哀，我不会执著于悲哀，一蹶不振。纵然一无是处，纵然伤痕累累，都毫不在意；纵然有喜怒哀惧爱恶欲，也全然不在乎。只要按照良知去行事，就不被七情所牵累。

81

王阳明说

心安处即是乐

虽哭，此心安处即是乐也，本体未尝有动。

什么是快乐呢？你把一天要做的事情都做完了，没有遗留，这个时候你就是快乐的。你孝顺父母，所有该做的事情都做得很好，你就是快乐的。当你的朋友离开，你到车站去为他送行，你就是快乐的。当你对人没有亏欠，做事认真负责，你就是快乐的。

弟子问王阳明："快乐是心的本体，不知道遇到大变故哀伤痛哭的时候，这个快乐是否还在？"

王阳明说："必须是大哭一番之后才快乐，不哭就不快乐了。**虽然哭泣，但内心安稳，就是快乐，本体未尝有动。**"

王阳明与弟子的这段对话阐述的是快乐的定义。

什么是快乐？内心安稳就是快乐。做该做的事情，就是快乐，遵循良知行动就是快乐，不动气就是快乐。比如遇到大变故，大哭一番，这就是快乐。这时虽然哭泣，但不动于气，内心是安稳的。你只有悲伤之后，痛哭之后，流泪之后，才会以平稳的心态投入到新的生活中，这才能快乐。比如一个人做生意失败了，痛哭一番，这是人之常情，但不因为哭泣而一蹶不振，内心还是按照良知去行事，去做该做的事情，这就是快乐。

快乐是心之本体，人本来就是应该快乐的，所以我们一旦不快乐，就应该让自己快乐起来，而**所谓快乐，就是要寻找内心的安稳之处**。

即使你做错了事情，导致悔恨痛哭，但你如果一直耿耿于怀，沉湎于自责之中，那么你就是不快乐的。相反虽然你做错了事情，但你悔恨痛哭过后，又快速地投入到崭新的生活中，和过去一刀两断，然后按照良知去行事，这就是快乐。

82

王阳明说

经常自我反省才能进步

> 舜只思父提孩我时如何爱我，今日不爱，只是我不能尽孝，日思所以不能尽孝处，所以愈能孝。

一个人要进步，就要不断地自我反省。很多时候，我们遭遇挫折，实际上是因为自己而起。比如作战的时候，轻率冒进，失败而还，我们能怪对手太强大吗？不能。只能怪我们自己。

一件事情失败了，不去指责别人，而是从自己身上找原因，然后再加以改进，这样我们就会有进步。

与人交往之时，人际关系处理不好，首先应想一想自己有哪些地方做得不够好，然后加以改进，而不是去指责别人为什么不喜欢自己。当我们事情失败之时，首先要从自己身上找原因，是不是有些地方做得不够好，然后加以改正，而不是去指责外部的环境和其他的人。

乡里有一对父子打官司，争执到了王阳明那里。王阳明就审理了这个案子。王阳明的话还没有全部说完，这对父子就相互拥抱痛哭而去。

柴鸣治进去问道："老师说了什么话，让他们这么快就感悟悔恨了？"

王阳明说："我说舜是世间大不孝的子，瞽叟是世间大慈的父。"

柴鸣治很惊讶，问为什么。

王阳明说："舜经常自以为非常不孝顺，所以就能够孝顺。瞽叟经常自以为非常慈爱，因此不能慈爱。瞽叟只记得舜是他抚育长大的，现在为什么从来不让他安逸快乐，不知道自己的心已经被后妻所转移了，还说自己能慈爱，所以更加不能慈爱。**舜只想父亲抚育我的时候，如何爱我，现在不爱我了，只是我不能尽孝，每天思考所以不能尽孝之处，所以更加能孝顺。**等到瞽叟愉悦时，又不过恢复了此心原来慈爱的本体。所以后世称舜是古今大孝的子，瞽叟也做成了一个慈父。"

这个故事非常生动。王阳明抓住问题的关键：父慈子孝。王阳明以舜和他的父亲瞽叟举例来说明。**做儿子的认为自己不够孝顺，所以就能孝顺；做父亲的认为自己已经慈爱了，所以不能慈爱。**

王阳明通过这个例子，就是要告诉这对来打官司的父子，让他们从自己身上找原因。儿子是否已经足够孝顺了？父亲是否已经足够慈爱了？现在父子两人打官司，一定是儿子不够孝顺，父亲不够慈爱。如果儿子足够孝顺，那么他一定能够像舜那样，让自己的父亲快乐，最后父亲也做成了一个慈父。

83 王阳明说

欲正人必先正己

经过来，乃知工夫只在自己，不去责人，所以致得“克谐”；此是舜动心忍性、增益不能处。

如果你是一个领导，你若要求下属怎么做，那你必须先做到，这叫以身作则。比如你作为一个公司的老总，每天准时上班，从来不迟到，对工作兢兢业业，认真负责，久而久之，在公司就会形成一种良好的工作氛围。这就是我们所说的领导魅力，这魅力会感染到所有的员工。与此相反，一个老总对下属要求非常严格，自己却做不到，那么下属不仅对公司没有归属感，没有忠诚度，而且对于公司的规定也不会自觉遵行。

“桃李不言，下自成蹊”，说的就是这个道理。

王阳明说：“‘烝烝乂，不格奸’，本注说象已进进于义，不至于大为奸恶。舜征伐庸之后，象还每天以杀舜为事，有什么大奸恶像这样呢？舜只是自进于义，以义感染，不去纠正他的奸恶。凡文过掩匿，这是恶人的常态，如果要指责他对错，反而激发了他的恶性。舜开始的时候导致象要杀自己，也是要象好的心过于急切，这就是舜的过失之处。**经过这样之后，舜才知道功夫只在自己，不去责怪他人，所以能够成功。这是舜动**

心忍性、增益不能的地方。古人说话，都是自己经历过来的，所以说得亲切，留到后世，被当做人情。如果不是自己经历过，怎么能够得到许多苦心之处？”

王阳明的这段话，以舜为例子，来说明正人先正己的道理。

舜和象是同父异母的兄弟，但象要杀舜，舜应该怎么办呢？起先舜要象变好，结果激发了舜的恶性，导致象要杀舜。后来舜明白了，知道关键的问题在于自己，而不是去指责象，最后舜成功感化了象。

古今中外，所有成功人士，都是先从正己开始的。如果一个人不能正己，又有多少人会真心实意地跟随他呢？

84

王阳明说

平心静气便能察人入微

仪、秦亦是窥见得良知妙用处，但用之于不善尔。

为什么一个人一生当中可以很少犯错？原因就在于他能够致良知，没有私欲。这就能解释为什么卫青和霍去病在攻打匈奴的时候，能够屡战屡胜。这是因为卫青和霍去病一心一意在作战上，没有考虑功名和私欲，一切都是为了战胜匈奴，也正因为如此，霍去病才会说："匈奴未灭，何以家为？"

致得了良知，就能够知道人情世故，在处理纷繁复杂的人事关系以及世事时，才能游刃有余。正是因为致得了良知，王阳明才躲过了一次又一次灾难，建立了一次又一次功绩。正是因为致得了良知，张良才能在协助刘邦争夺天下的过程中，始终保持清醒的头脑，看清了当时的形势，因而没有提出错误的策略。

致得了良知，就能认清世界形势，看透人情世故，看清一个人，看清一件事。**我们的内心就像一面镜子，晶莹剔透，不管什么人和事，都逃不过这面镜子**，好人就是好人，坏人就是坏人，一点都不容许作伪，一件事情的来龙去脉，都清清楚楚。

这就是良知的妙用。

王阳明说："苏秦、张仪的智慧，也是圣人的资质。后世事业文章，许多豪杰名家只是学到了苏秦、张仪的老办法。张仪、苏秦的学术善于揣摩人情，没有不切中人要害的，因此他们的学说不能穷尽。**张仪、苏秦是窥见了良知妙用之处，但用到不好的地方了。**"

王阳明的这段话主要讲的是良知妙用。张仪、苏秦善于揣摩人情，而这就是良知的妙用。张仪和苏秦看得清人情，所以纵横捭阖，游刃有余。他们都看清了人的内心，所以能根据人的内心做出正确的决策。

其实，我们处理人际关系，关键正是要知道我们与之打交道的人怎么想，然后再根据他们的想法做出我们的决策。而如果没有私欲，我们与人打交道的时候，内心就能平静，观察就能细致入微，思考问题就能够更全面、更客观，所以就更能知道对方的真实想法，也就能做出更正确的决策。

85

王阳明说

收心才能客观理智地做事

> 今人于吃饭前，虽无一事在前，其心常役役不宁，只缘此心忙惯了，所以收摄不住。

一个人要有所成就，首先必须要在内心维持一种稳定和平静，因为应对复杂的形势，需要我们做出客观冷静的判断以及严格的执行。所以，我们要收心，以达到一种平静。

比如你在为考试的事情担心，心神不宁，无法集中注意力，不知道应该做什么。这个时候应该怎么办呢？那就应该要收心，要想法使自己平静下来，不要去想那么多。比如你要和其他人竞争经理的职位，你为此整天心事重重，这样也是不行的，你必须要收心。再比如你明天要在公众场合演讲，这是你人生中的第一次，你为此很担心，脑子里想的都是演讲的事情。但如果你不知道让自己平静下来，恐怕就只能败北了。

收心，是我们很好地生存在这个社会上的必要条件。而在更多的时候，我们东想西想，始终不能做一个正确的决定，不能去做一件对自己有利的事情，时间就这样蹉跎。虽然我们的思想很华丽，想法很精致，并且没有一刻停止思考，但这些都无助于我们，究其原因就在于不能收心，想得太多了。

王阳明也是主张收其放心，他说：“人有过错，大多都在过错上用功，就是修补甑笼，其结果必将变成掩饰过错。**现在有的人在吃饭的时候，虽然没有一件事情在眼前需要处理，但他的内心经常劳苦不能安宁，这是因为他的心忙碌惯了，所以收摄不住。**”

王阳明的这段话看起来说了两层意思，实际上说的是一个道理。人有过错的时候，哪里有过错就在哪里补，这只是治标不是治本，而且最终还会演变成掩饰过错。为什么会这样呢？关键是还不能收心。而真正的做法还是要从内心入手，追问一下自己为什么会犯错，然后进行预防。所以王阳明举的另一个例子就是吃饭的时候心情不安宁，这还是因为不能收心。连吃饭的时候都不能安宁，还有什么时候能安宁呢？而内心不安宁，又怎么能将事情做好呢？

86

王阳明说

做说真话、干真事的狂者

我今信得这良知真是真非，信手行去，更不着些覆藏。

在王阳明的眼中，无论做人做事，排在第一位的是圣人，排在第二位的是狂者，而他并不认为自己是一个圣人，只认为自己仅达到了狂者的境界。

那什么是狂者呢？王阳明认为，所谓狂者，就是依照良知行事的人，没有遮遮掩掩，没有隐瞒。良知要求我们怎么做，我们就怎么做。但是狂者因为太直接，经常说真话，干真事，所以并不一定为许多人喜欢，并会招来中伤，招来打击，甚至会失去朋友。

与狂者相对应的是一种叫做乡愿的人，**这种人可以与君子高谈阔论，也可以与小人同流合污，让方方面面的人都认为他是自己人，所以在社会上具有很高的名声**。乡愿就是王阳明所批评的对象，而他曾经也有乡愿的思想。

薛尚谦、邹谦之、马子莘、王汝止陪伴在王阳明身边，就感叹王阳明自从征伐宁王以来，天下诽谤议论的人越来越多，请各自说说是什么原因。有的说王阳明功业势位一天比一天隆，天下嫉妒的人越来越多；有的说王阳明的学说越来越显达，因此为宋朝的儒者争是非的人越来越多；有的说王阳明从南都以后，志向相同相信跟随的人一天天聚集，从而四面八方排阻的人一天比一天用力。

王阳明说：“各位所说的，相信都是有的，但是我有一段自知的地方，你们都没有说到。我在南都之前，还有一些乡愿的思想在。**现在相信这良知真是真非，信手去行，更加没有覆盖掩藏**。我今才做得一个狂者的胸怀，使天下的人都说我行不掩言。”

王阳明认为自己之所以被诽谤议论，关键在于自己是一个狂者，相信良知，按照良知去做事，没有掩饰，没有退却，没有妥协，没有半途而废。

在那样的社会里，要做个狂者实在不是一件简单的事情。放眼当今，试问，有狂者胸怀的人又有几个？

87

王阳明说

把自己当作一个凡人

你们拿一个圣人去与人讲学，人见圣人来，都怕走了，如何讲得行！须做得个愚夫愚妇，方可与人讲学。

每个人都是凡人。一旦把自己视为不平凡的人，一旦把自己当做神，那么你就离失败不远了。无论你是谁，无论你的权势、地位、名誉、种族怎样，请都把自己当作一个凡人，因为你与别人并没有两样。

只有把自己当作凡人，我们才能冷静地看待这个世界，才能理解凡人的心中所想，才能更好地与他人交往。把自己当作凡人，因为实际上我们就是凡人，这样就能打破不切实际的幻想，就不会骄傲自满，而是永远充满警惕，永远努力，永远探索，永远奋斗。

一旦我们自认为不凡，不仅会鬼迷心窍，终致彻底失败，也将永远被凡人抛弃。一个自以为不凡的人，总是认为自己是完美的，自己是无懈可击的，所以疏于防范，沉醉于梦幻，焉有不失败的道理？就好像晚清时期，世界已经发生了变化，但清朝还自以为天朝上国，自命不凡，不思进取，岂有不失败的道理？

钱德洪与黄正之、张叔谦、王汝中丙戌年会试归来，为王阳明道途中讲学，有的人相信，有的人不相信。

王阳明说：“**你们拿自己当圣人去和人们讲学，人们见到圣人来了，都害怕走了，怎么讲得通呢？必须把自己当一个普通老百姓，才可以向人们讲学。**”

钱德洪问：“现在要看一个人品德高下最容易。”

王阳明说：“何以见之？”

钱德洪说：“老师就好像泰山立在跟前，有不知道仰望的人，都是瞎了眼的人。”

王阳明说：“泰山没有平地大，平地有什么可以见的？”

王阳明与弟子的对话，说明了一个问题，就是要做一个凡人。

前一段对话，王阳明说要向人们讲学，就不能把自己当作圣人，而是将自己当作普通老百姓，这样讲学才能成功。

后一段对话，学生奉承王阳明，认为王阳明就像泰山，不知道仰望的人，都是瞎了眼睛的人。王阳明对此很不以为然，他说平地比泰山还要大，但却没有什么可看的。

所以，我们每个人，不管有多厉害，始终只是一个凡人。那些自以为不凡的人，能做成事情又有几个？

88

王阳明说

成功在于做别人没有做好的事

念虑之精微，即事理之精微也。

所有的成功，所有目标的实现，都是由一件件细微的事情，一个个细小的细节构成的。没有这些细节和小事，就不存在成功。

有一句话叫做细节决定成败，很多事情就因为细小环节的错误才导致失败的，正所谓失之毫厘，谬以千里。

王阳明说："尽精微就是致广大的途径，道中庸就是极高明的途径。因为心的本体自然是广大的，人不能穷尽精微，就会被私欲所遮蔽，有不胜其小者。因此能细微曲折无所不穷尽，那么私欲就不足以遮蔽内心，自然没有许多障碍遮隔之处，怎么会达不到广大呢？"

学生问："精微是念虑的精微，还是事理的精微？"

王阳明说：**"念虑的精微，就是事理的精微。"**

王阳明与弟子的这段对话阐述了精微和广大的关系。没有穷尽精微，就不能达到广大的境界。从个人修养角度来讲，广大就是人的良知，致广大就是致良知。尽精微就是细微曲折无所不穷尽，这样内心就没有私欲障碍，就是致广大了，就是致良知了。

从做事的角度来讲，要成功就要注重细节。要穷尽精微，不仅要把看到的事情做好，也要把背后看不见的事情做好，这样才能成功。一个想要成功的人，是不会放弃做小事的。实际上，没有细节，没有精微，就无所谓成功，也就无所谓广大。我们看历史人物的事迹，最吸引我们的就是历史人物的细节。正是这些细节从某种程度上决定了历史人物的成败。

一个人成功，并不是做大家都知道做的事情，而是做那些别人还没有做或者不知道做的事情。有个关于面试的故事，说的是考官在地上放了一张废纸，结果很多考生都没有注意到，只有一位考生注意到了，并将废纸捡了起来，结果这位考生就被录取了。这位考生为什么会成功呢？就是他能够注重细节，穷尽精微。

重细节，尽精微，就是不仅要把人所共知的事情做好，也要注意到别人所不知、别人所不见的事情，并将之做好。

89 王阳明说

一切从自我出发是自毁长城

人生大病，只是一傲字。

王阳明认为在众恶中，最大的恶是傲。这里的傲，并不仅仅是指傲慢的意思，王阳明给傲下了个定义：有我。有我就是傲，无我就是谦。

那么什么叫有我呢？简单来说，**有我就是心中只有自己，一切以自己为出发点**。西方宗教所说的七宗罪归根结底也是有我，傲慢、嫉妒、暴怒、懒惰、贪婪、暴食、色欲，这些全部都是为了自己的私欲，就是有我。从这个角度讲，说有我是人生的大恶也不为过。

王阳明说：“**人生的大毛病，只是一个傲字**。作为儿子而傲，必定是不孝的；作为臣子而傲，必然是不忠的；作为父亲而傲，必然是不慈的；作为朋友而傲，必然是不值得信任的。因此象与朱丹都不肖，也只是一个傲字，就结果了一生。各位要常常体会这个道理。人心本来是天然之理，明洁至诚，没有细微的沾染，只是一个无我而已；胸中切不可有，有就是傲。古代的圣人许多好处，也只是无我而已，无我自然能谦逊。谦逊是众善的基础，傲是众恶的魁首。”

一个人一旦有了傲心，人际关系就一定处理不好，就好像王阳明所说的那样，作为臣子，就会对君主不忠，作为朋友，就会对自己的朋友不讲信用。这样的话，就不可能得到别人帮助和支持，事业也很难取得成功。

有我，是众恶之中最大的恶。有我，就是有私欲，就是凡事从自己出发，因此，我们做人做事不仅会失败，而且还可能犯罪，最终走向灭亡。如一个暴君，只知道满足自己私欲，把自己的享受看得比国家社稷还重要，看得比黎民百姓还重要，即使国之将亡，也不忘享乐，这就是最大的恶，最终不失败也难。一个普通人，如果自私自利，凡事从自己出发，这个人不会得到别人尊重，也得不到别人帮助。有了这个最大的恶，事情能做得成功才怪，而即使做成功了，能长久才怪。

90 王阳明说

对那些质疑我们的人存感恩之心

此道本无穷尽，问难愈多，则精微愈显。

伟大的成就都是由疑问开始的。疑问，有自己提出来的，也有别人向我们提出的，但只要是疑问，对我们来说都是有助益的。因为在很多时候，就是这样的疑问成就了自己。因为真理越辩越明。

如果针对一项政策，一些人有疑问，这非但不是一件坏事，反而还是一件好事。因为这些疑问能够使我们深入检查我们的政策，得以更加完善我们的政策。同样，对于我们个人来讲，如果有些人质疑我们的能力，质疑我们的品行，对我们的做法提出疑问，我觉得这也是一件好事。借此我们可以深刻地自我反省，所谓当局者迷，旁观者清，说不定别人就可指出我们自己所看不到的问题。

在古代，皇帝专门设立谏官，就是用来提出反对的、质疑的意见。这些意见的存在，可以减少皇帝决策的失误。唐朝的魏征可算这方面的典型。所以作为一个领导，如果有几个经常提出不同意见的下属，也许工作就能做得更好；作为一个普通人，如果身边有几个质疑你的朋友，也许你的人生会更完美。

黄以方问：“孔子说：‘回也非助我者。’这是圣人真的要以帮助自己来期望门下弟子吗？”

王阳明说：“也是实话。**这道本来就没有穷尽，问难越多，精微就越加显现**。圣人的话，原本自然是周全的，但有问难的人，胸中有窒碍，圣人被他一问难，发挥得更加精神。像颜子闻一知十，胸中了然，怎么会问难呢？因此圣人也寂然不动，没有什么发挥，所以称之为非助。”

“回也非助我者”，是孔子说的，意思是说颜回不是帮助我的人。孔子是个大圣人，他最伟大的贡献就是他的思想，而思想是越辩越明的，所以需要多问问题。可是颜回也是个小圣人，什么都懂，就不需要问了，所以从这个角度来讲，他帮不上孔子的忙。

所以，一个有疑问的人，即使对方是圣人，也是对对方有帮助的。请记住，**那些对我们质疑的人，其实是帮助我们的人**。

91

王阳明说

只有从低位做起，才能在高位不翻船

此盂中下乃能盛此餾，此案下乃能载此盂，此楼下乃能载此案，地又下乃能载此楼。惟下乃大也。

惟下乃大，这里的下并不是说地位的低下，而是说在为人处世的时候，要谦虚，要把自己摆在一个比较下的位置。

如果你与人相处的时候，处处在显摆，处处显得盛气凌人，高人一等，那么你就会失去朋友，失去别人的支持。只有下，只有谦虚，才能成就不平凡的事业。

而惟下，并不是指表面上装出来，而是指真正发自内心的下。有的人表面上很谦虚，说话也客客气气，但实际上内心却相当傲慢，根本看不起人，这种人也就是表里不一。

所以，我们说惟下乃大，是真真正正的惟下，而不是装装样子。礼行下士这句话人人都会说，但真正做到的有几个？任人惟贤，人人都会说，但又有几人能做到?

惟下，实际上包含在王阳明所说的去人欲、存天理之中。人不能惟下，原因就在于有私欲。一旦将私欲去掉，自然就能惟下了。

在我们人生当中，也有很多的低潮，在这样的情况，要懂得低头，要懂得妥协，要懂得责任，而不能好高骛远，做出不切实际的事情来。下可以转变成上，惟下能上。只有经历过失败，才能尝到成功的味道。**只有从低位做起，才能在高位不翻船**。

王阳明自从在南都以后，凡是给学生指示，都让他们以存天理、去人欲为根本。有问什么天理的，就让他们自己去寻求答案，从来没有指出天理是什么样的。

黄冈人郭善甫带着他的徒弟良吉，到越州求学，在半路上相互辩论不能达成一致意见，到了越州之后，请求王阳明裁决。

王阳明刚好在楼里吃粥，没有回答他们，而是向良吉使了好几个眼色，指着吃粥的盘子说：“**这个盘子在下面，才能盛这个粥，这个桌子在下面才能载着这个盘子，这个楼在下面才能载着这个桌子，地又在下面才能载着这个楼。只有下才是大的**。”

惟下乃大，去掉我们的私欲，我们就能下，然后我们就能大。去掉我们的私欲，我们就能够拥有责任感和担当，就能够按照天理行事，就能够取得更大的成就。